战国中山王嚳方壶

战国中山三器铭文字卡·之二

河北博物院 编

郝建文 撰

文物出版社

图书在版编目（CIP）数据

战国中山三器铭文字卡．战国中山王譽方壶 / 河北博物院编；郝建文撰．-- 北京：文物出版社，2024.9. -- ISBN 978-7-5010-8545-3

Ⅰ. K877.3

中国国家版本馆 CIP 数据核字第 20248B9M00 号

战国中山三器铭文字卡之二
战国中山王譽方壶

编　　者：河北博物院
撰　　者：郝建文

责任编辑：崔叶舟　蔡　敏
装帧设计：程星涛
责任印制：王　芳

出版发行：文物出版社
社　　址：北京市东城区东直门内北小街 2 号楼
邮政编码：100007
网　　址：http://www.wenwu.com
邮　　箱：wenwu1957@126.com
经　　销：新华书店
印　　刷：宝蕾元仁浩（天津）印刷有限公司
开　　本：889mm × 1194mm　1/32
印　　张：3.625
版　　次：2024 年 9 月第 1 版
印　　次：2024 年 9 月第 1 次印刷
书　　号：ISBN 978-7-5010-8545-3
定　　价：98.00 元（全三册）

中山王䀭（音cuò）方壶

通高63、最大径35厘米，重28.72千克；铭文450字，内有重文3字、合文1字。

临写注意事项

一、铭文的长宽比例。铭文字形修长，结构舒适，字的重心都偏上。宽与高的比例约为1:3。

二、笔顺。每个人的书写习惯不同，同样的字，在临写时笔顺顺序会存在差异。但是需要观察分析，有的字看似一笔，实则两笔，如果用一笔去临写，字形难于接近古人，韵味也会改变。

三、笔画。多为尖入尖出，横画多藏锋，竖画挺劲，宛若悬针，弯曲的笔画如蛇弓，富有弹性。笔势连贯，疏密得当。笔画自身有粗细变化，不同笔画之间有粗细对比。

四、注意补刻的铭文。方壶上有三十余处铭文有过二次加工（补刻）的痕迹。因补刻，有的字结构出现问题，如七七页“顧”字，临写时可参考四四页的“顧”字；有的则仅仅是影响了铭文的美观，如六八页“貫”、七四页“君”，以及八三页的“休”字，等等，临写时可以参照本册六〇页“貫”、八一页的“君”和《战国中山王譽圆鼎》二六页的“休”字。其他补刻的字不再一一列举。

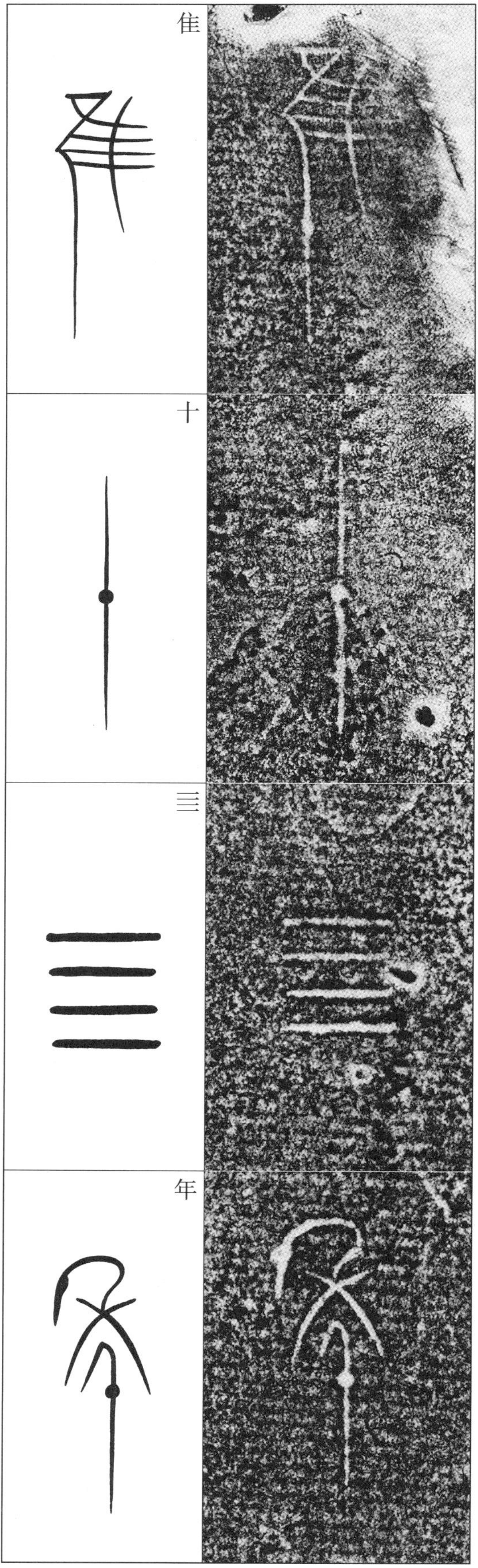

隹（惟）十三（四）年，

中山王嚳

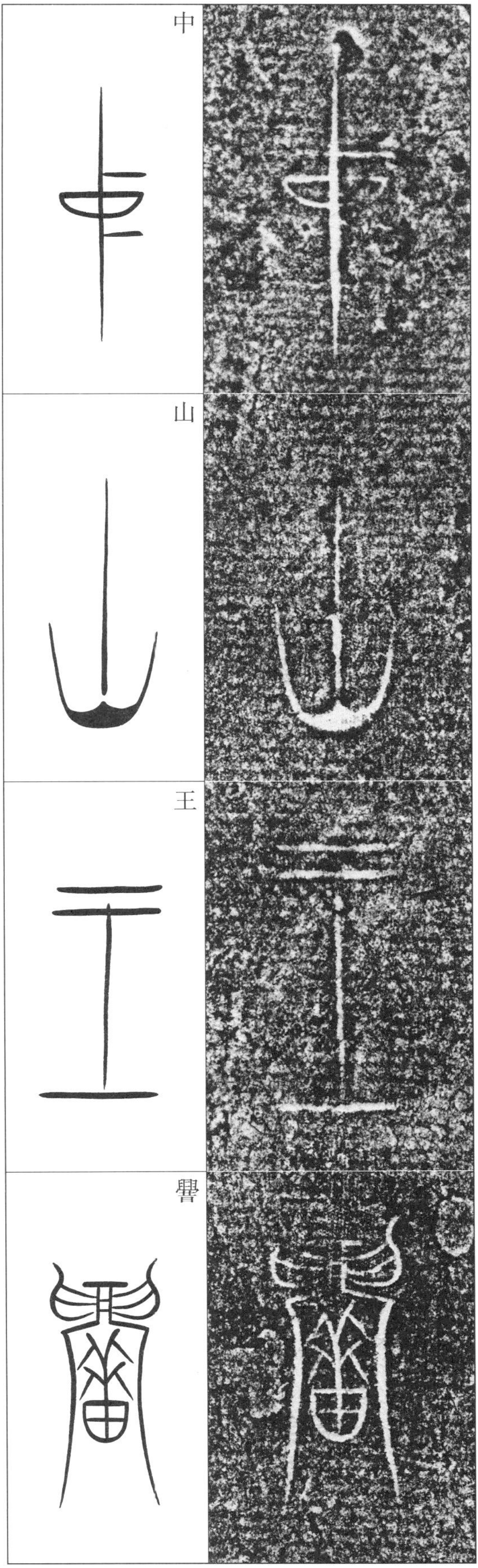

命相邦賈，

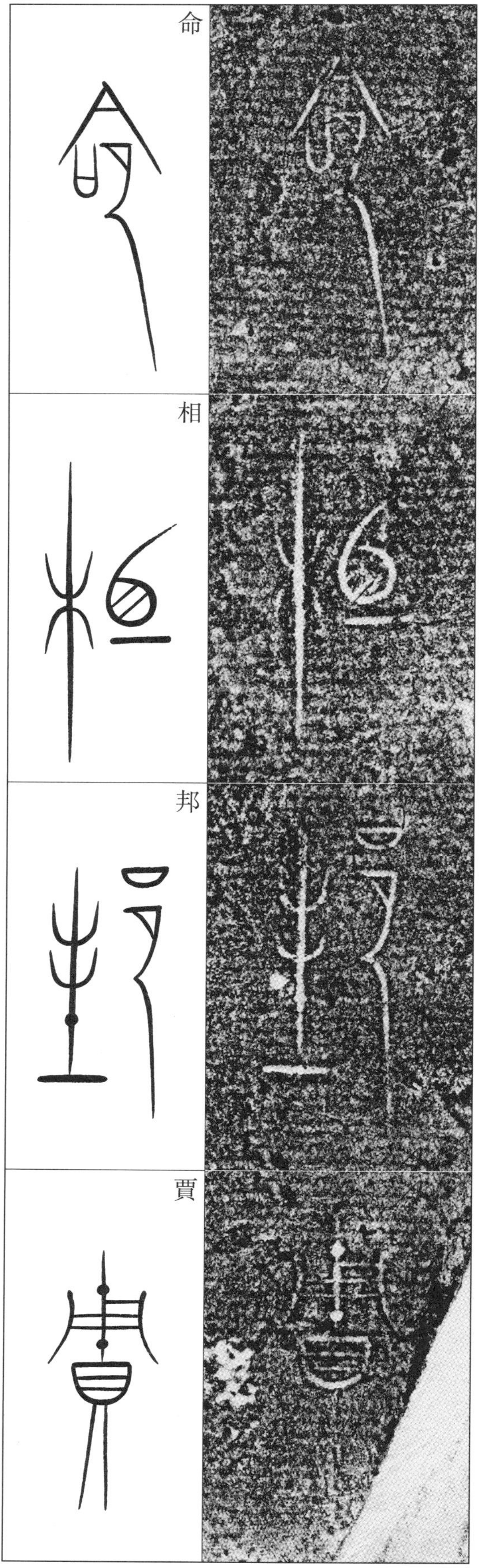

斁（擇）郾（燕）吉金，

斁

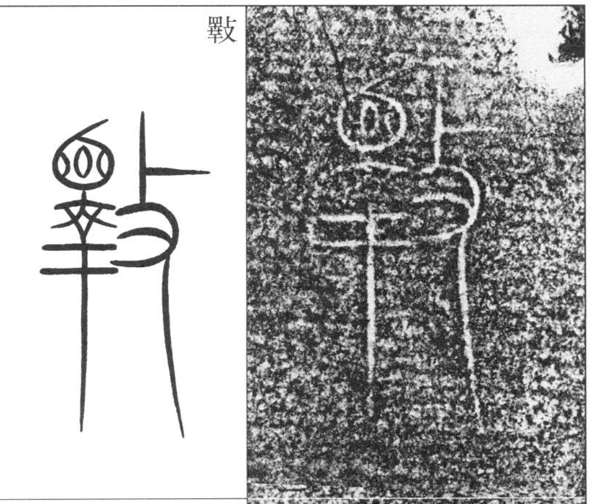

郾

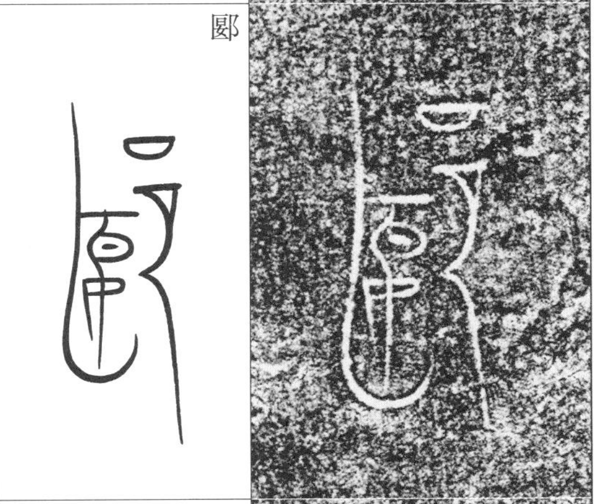

吉

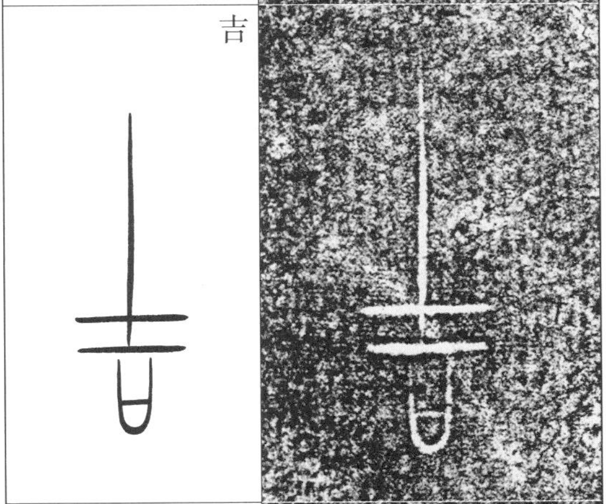

金

鉜（鑄）爲彝壺，

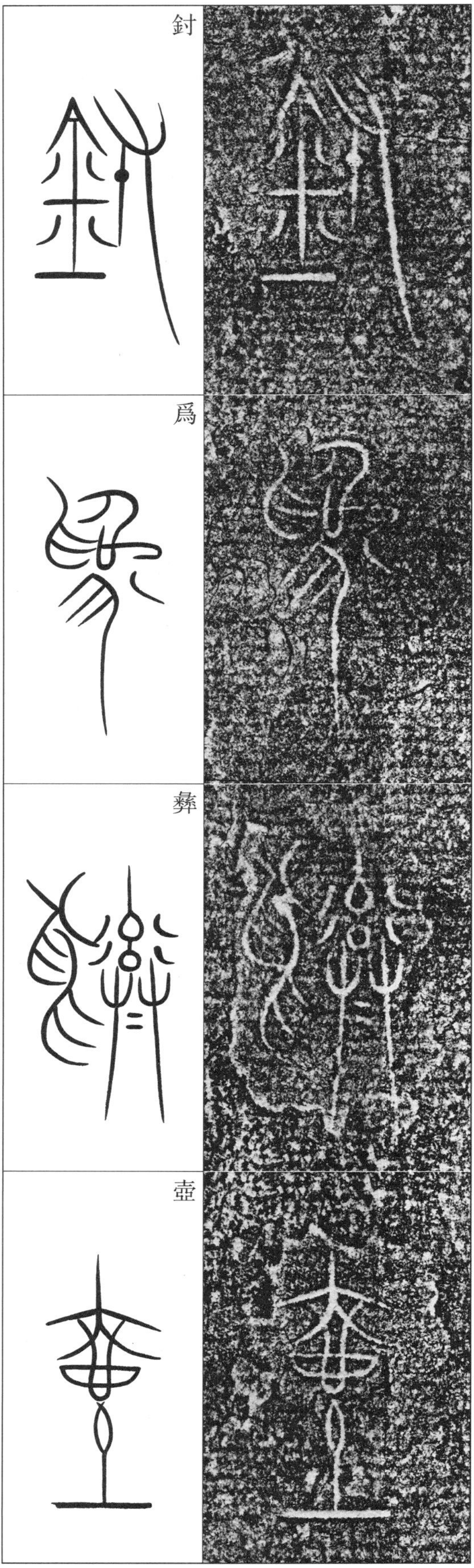

節于⿰酉垔（禋）醻（齍），

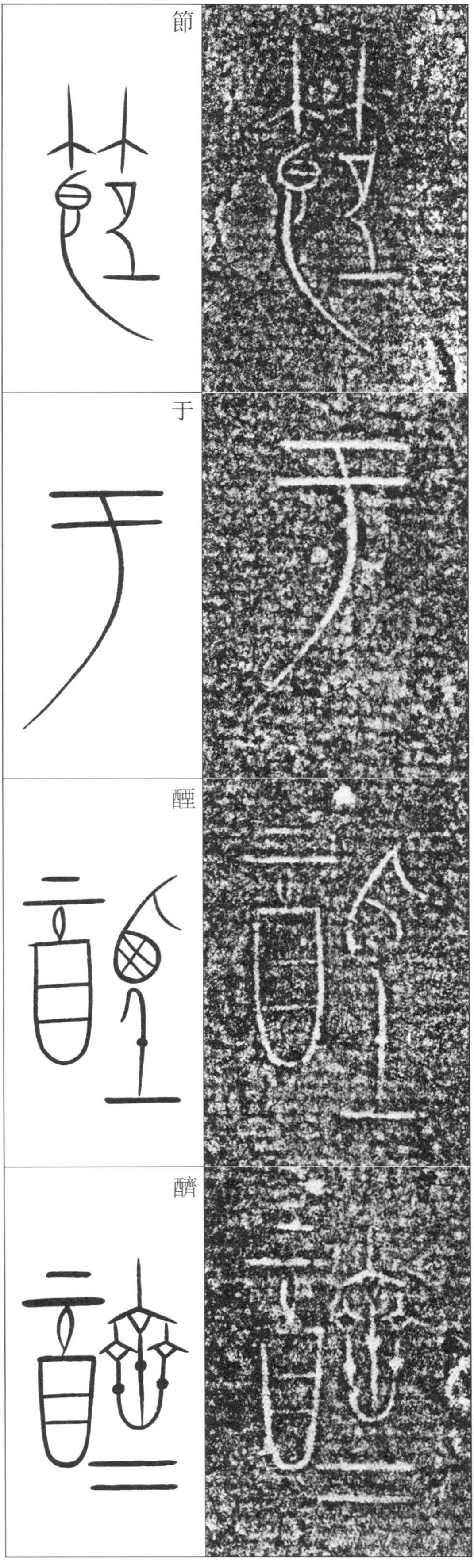

可灋（法）可尚，

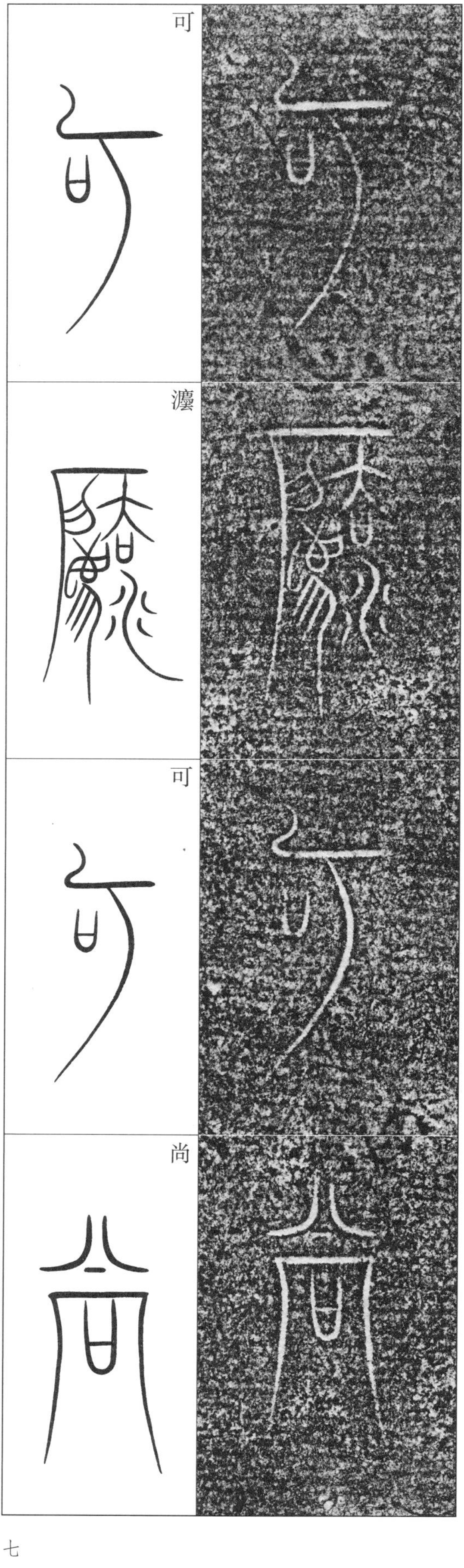

㠯（以）卿（饗）上帝，

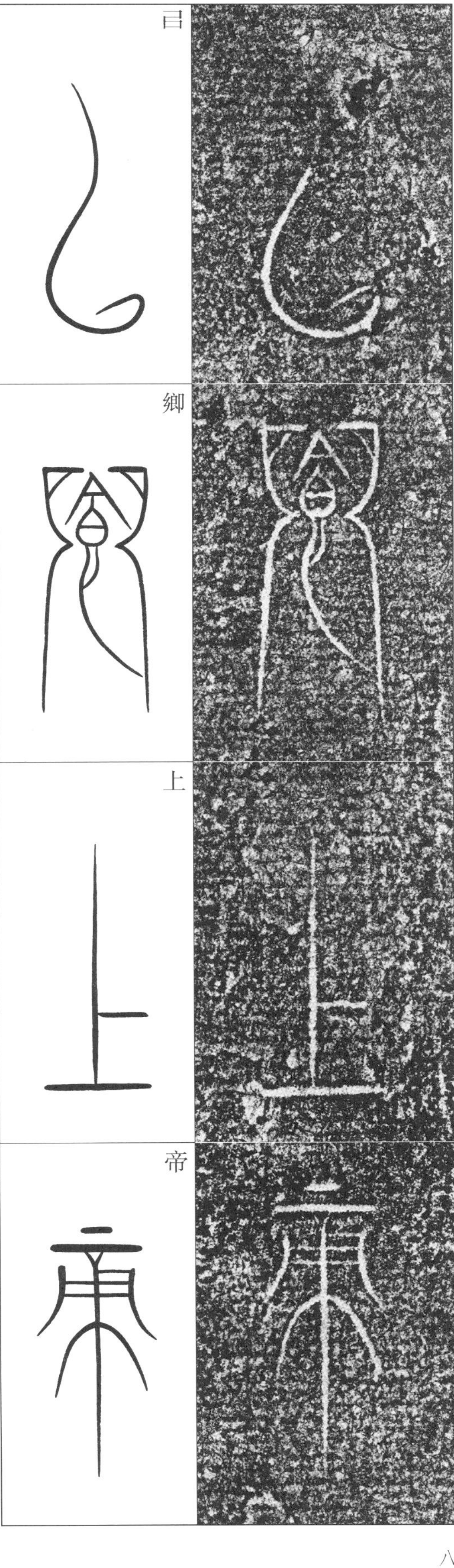

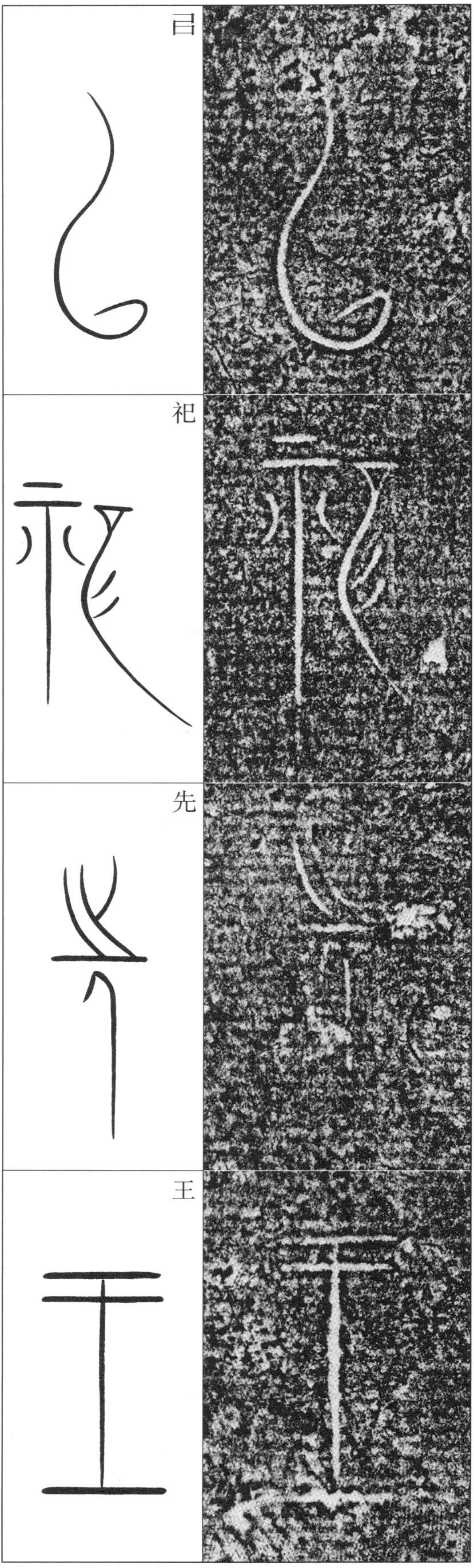

㠯（以）祀先王。

穆穆濟濟，嚴敬

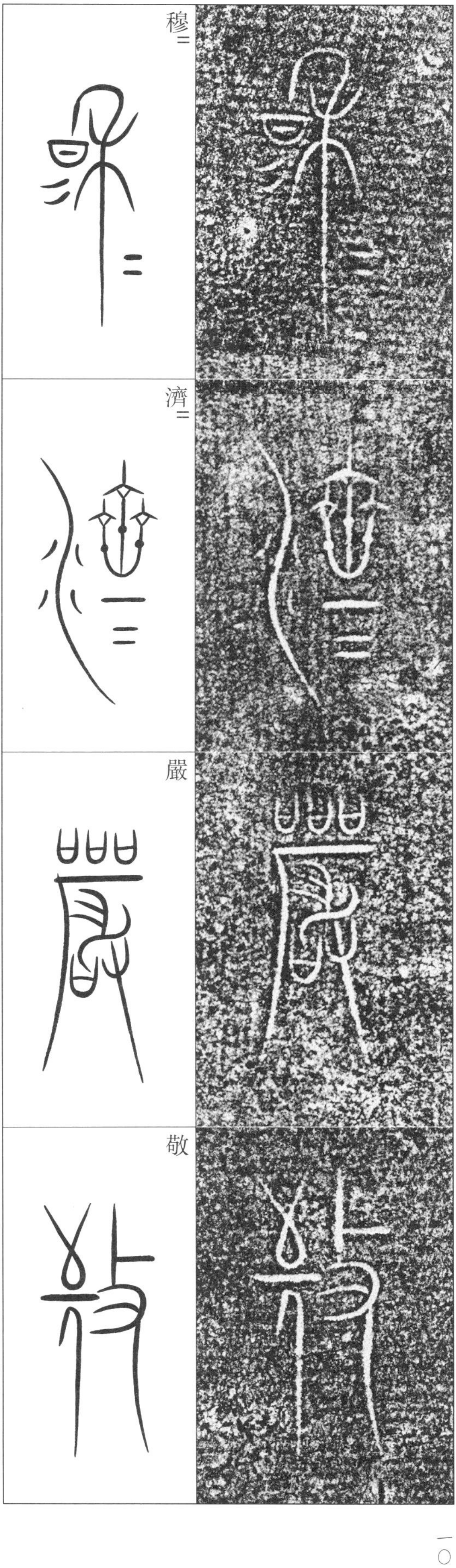

不敢⿸尸⿱厶心（怠）荒，

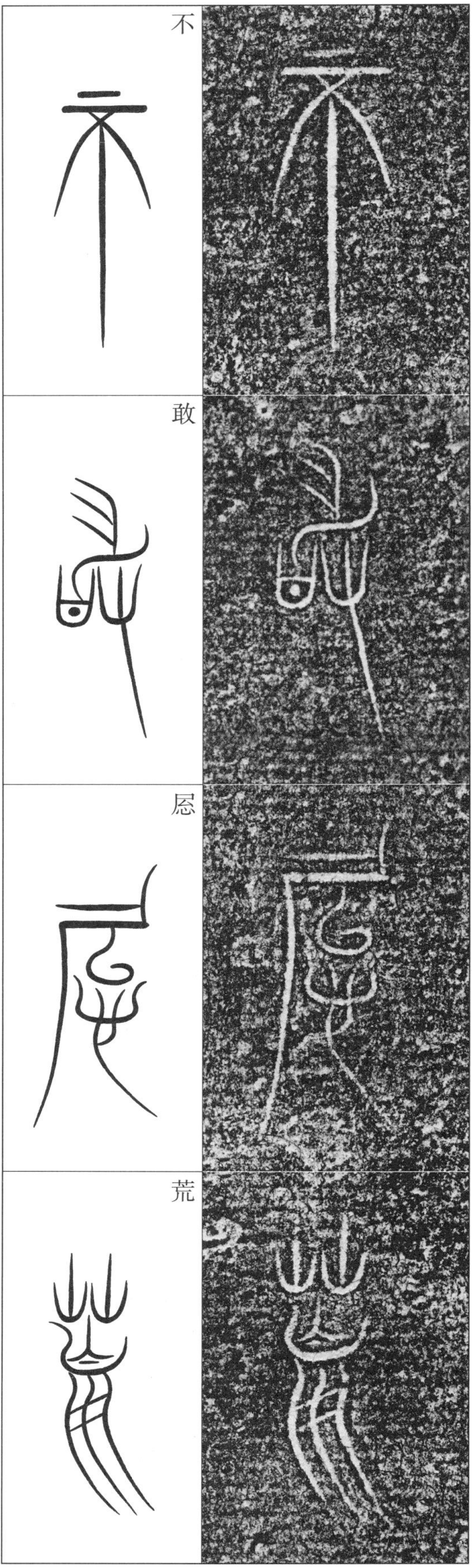

因䡝（載）所美，

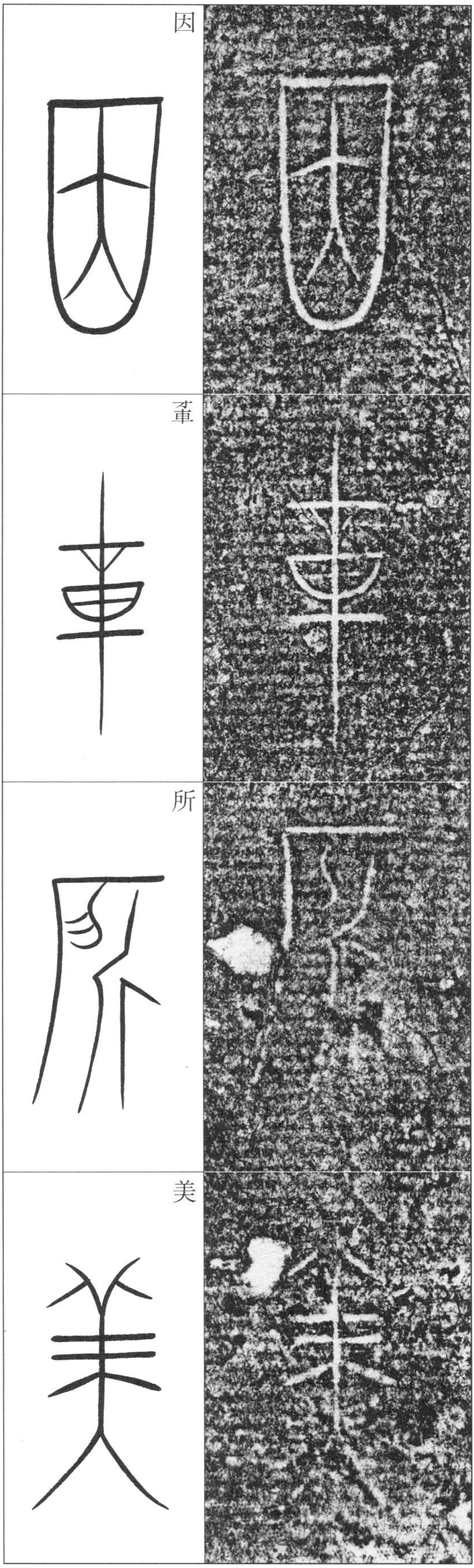

卲（昭）友皇工（功），

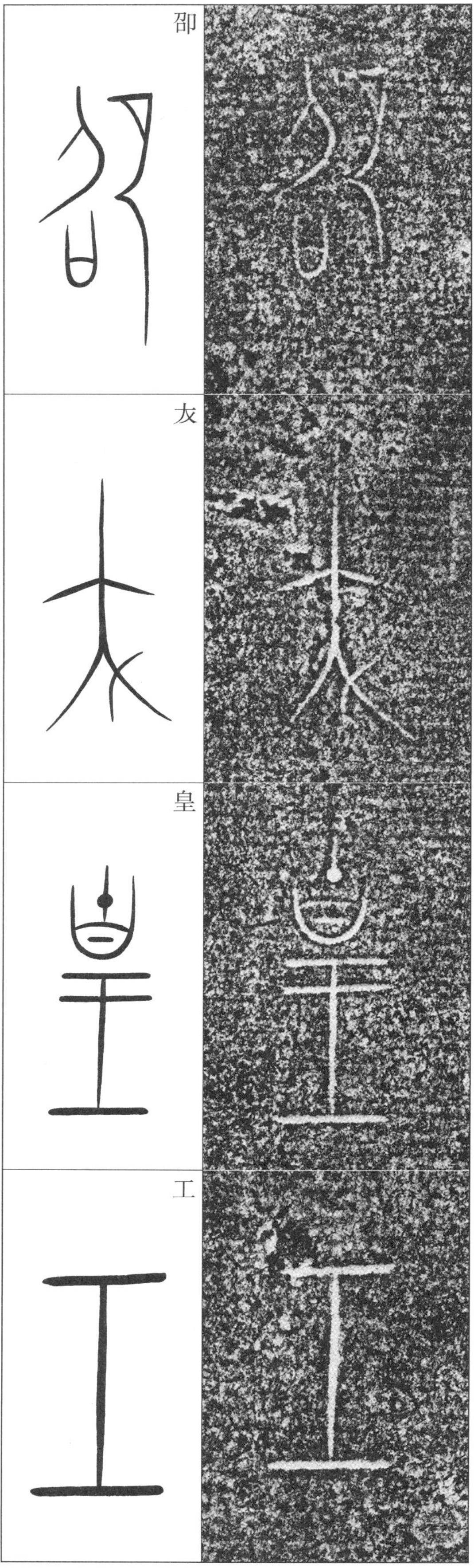

詆（詆）郾（燕）之訛，

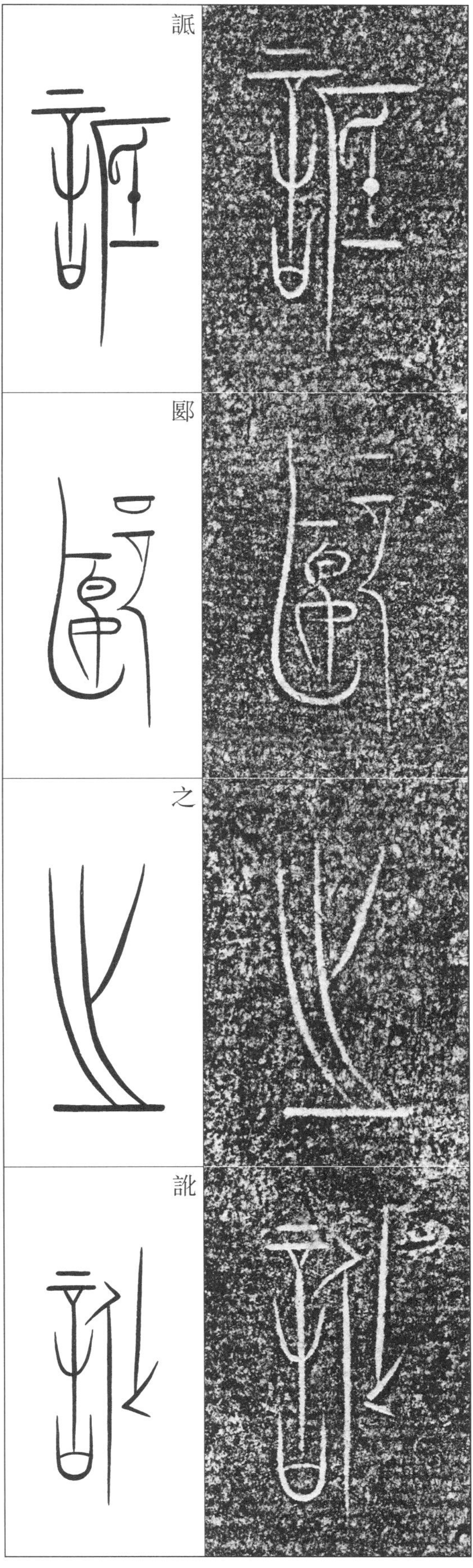

㠯（以）憼（警）嗣王。

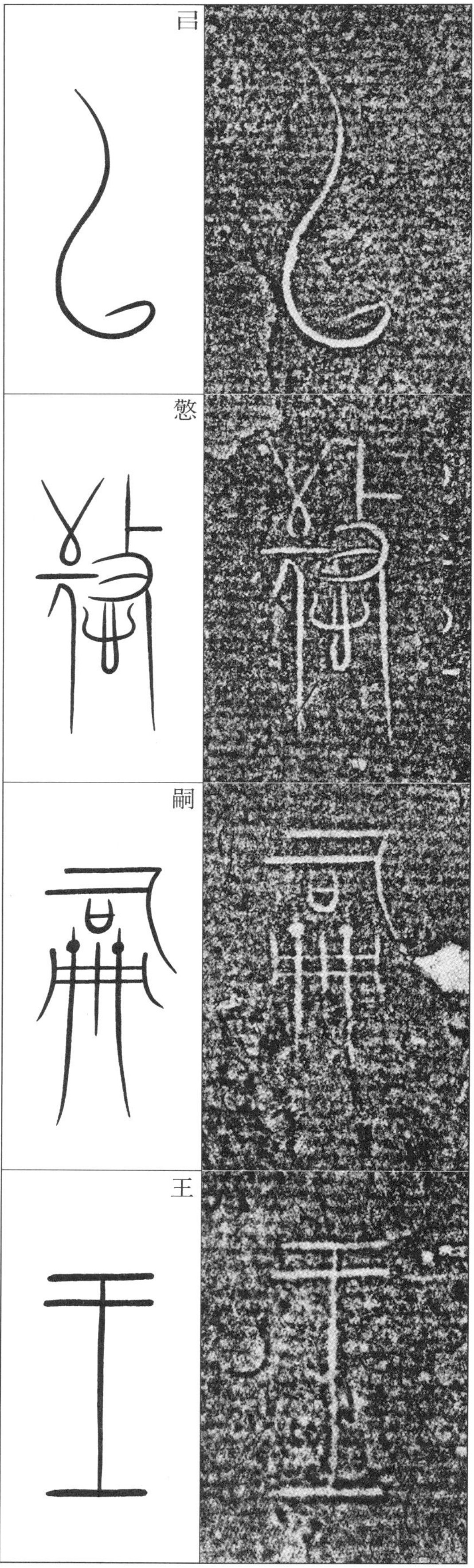

隹（惟）朕皇祖

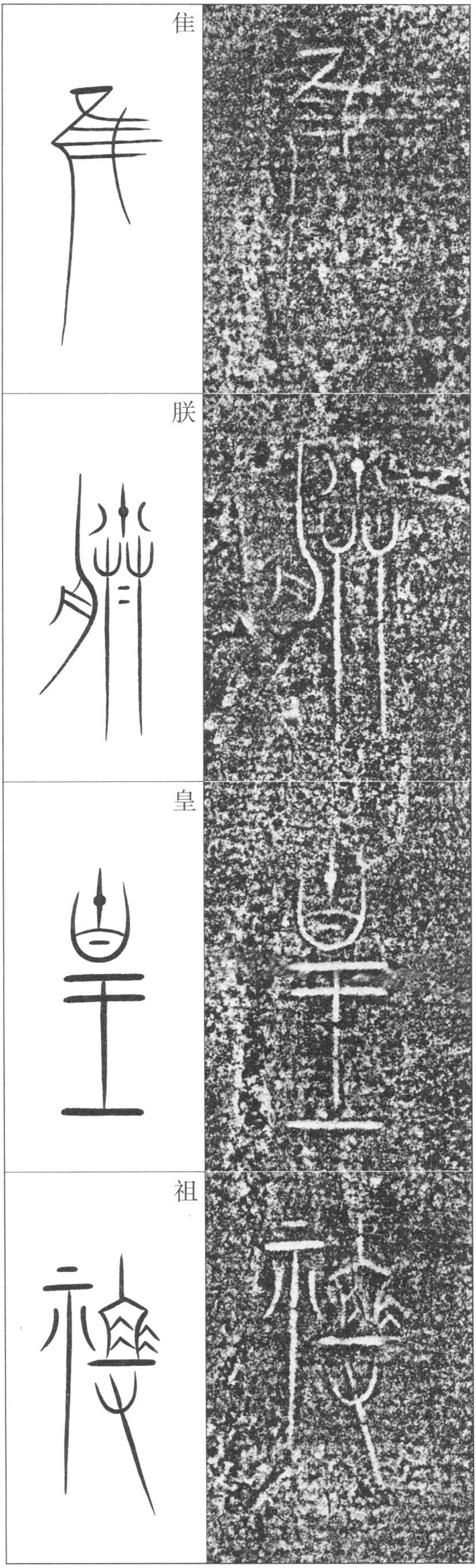

文、武、超（桓）祖、

成考，是又（有）

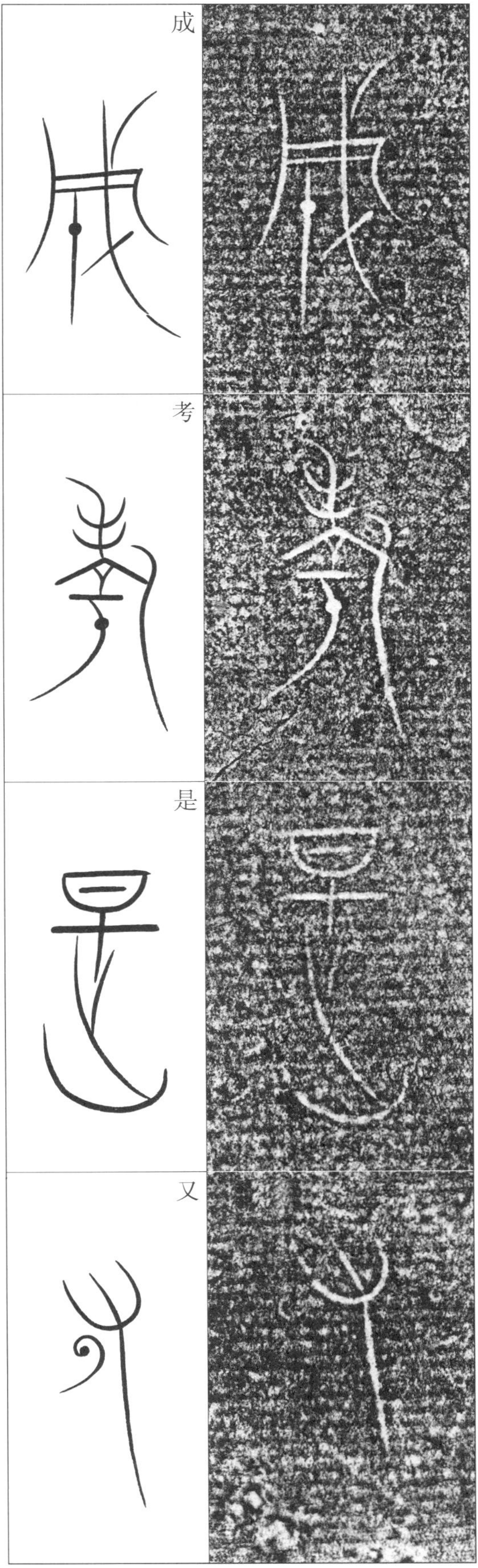

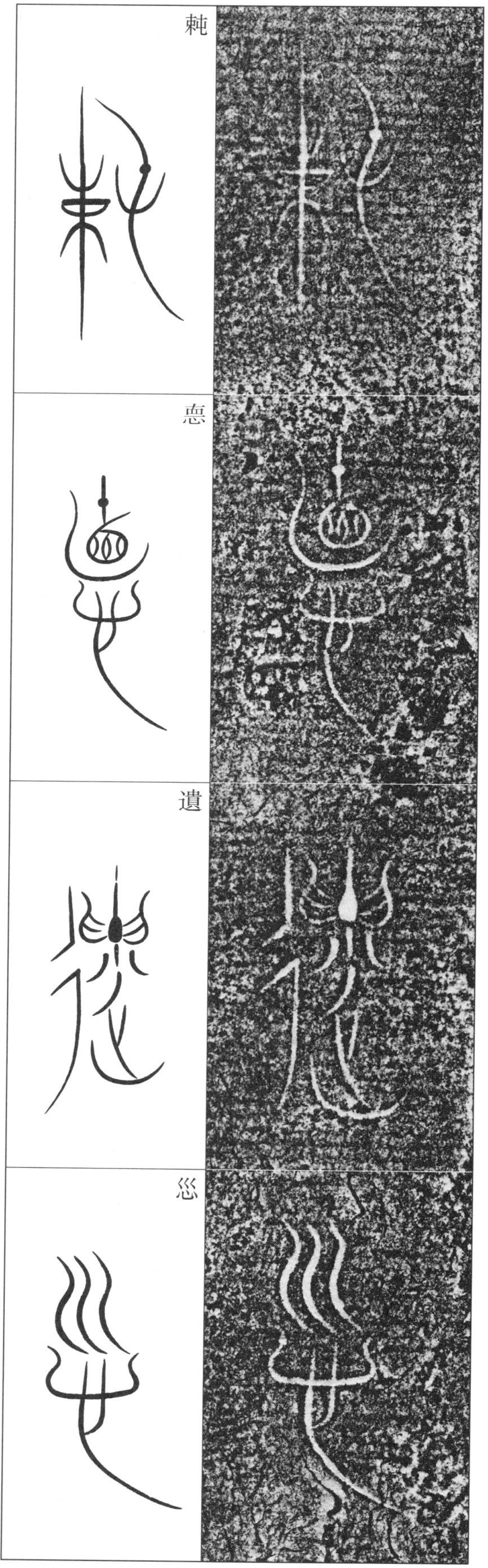

𣗋（純）悳（德）遺𢖋（訓），

㠯（以）陀（施）及子

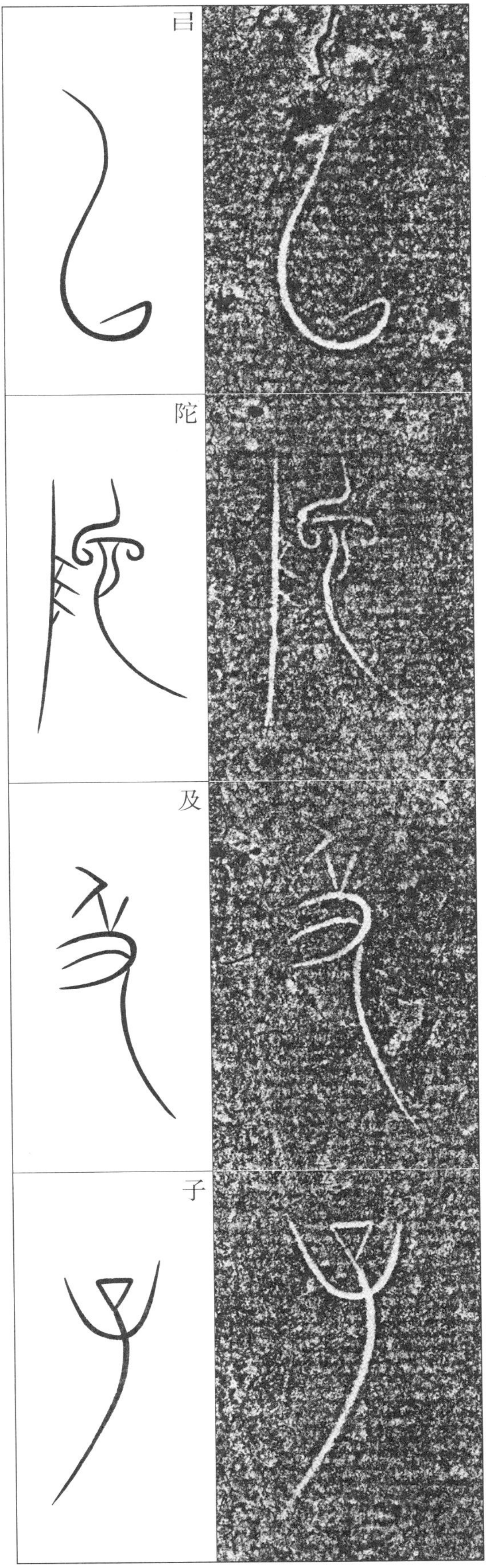

孫，用隹（惟）朕

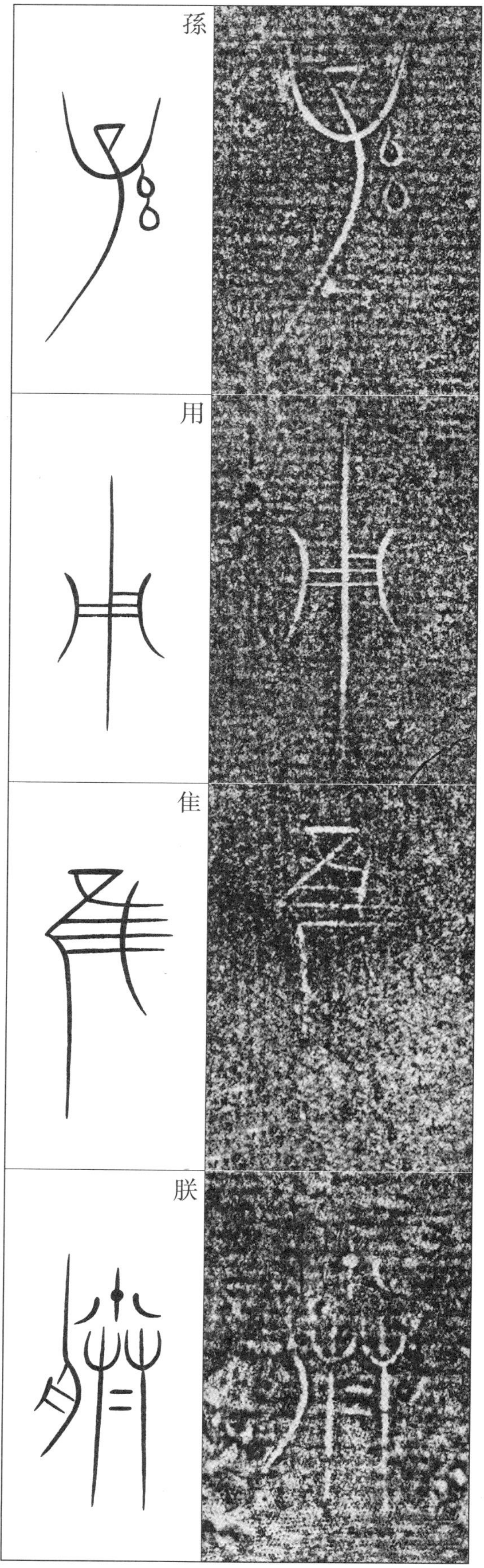

所放（倣）。慈孝

所

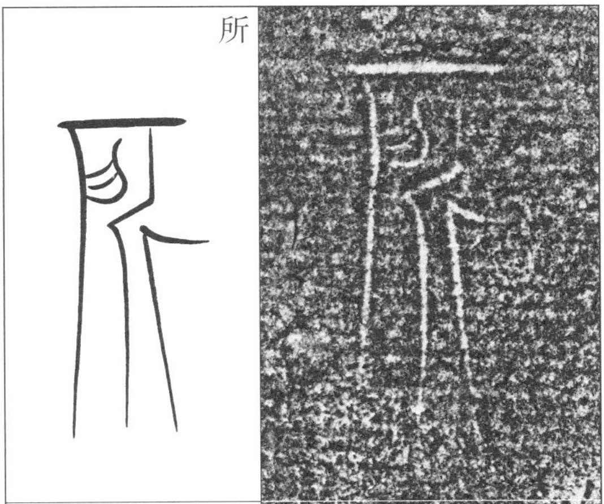

放

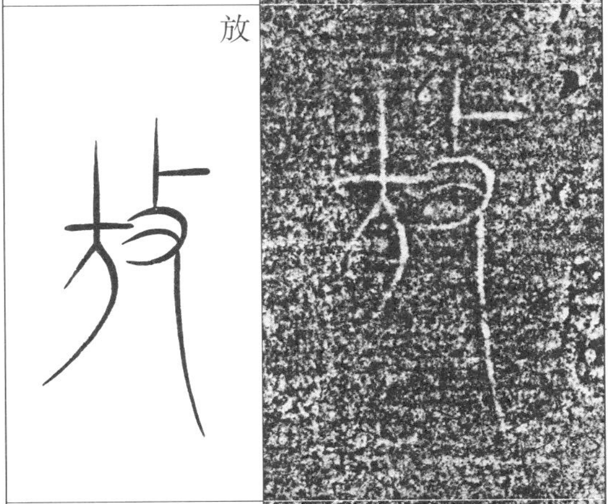

慈

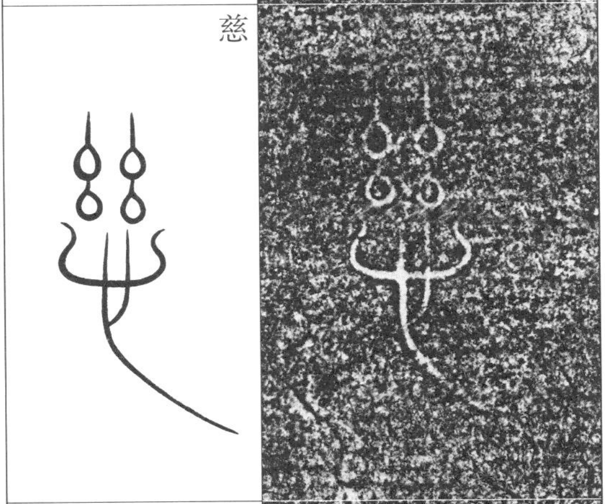

孝

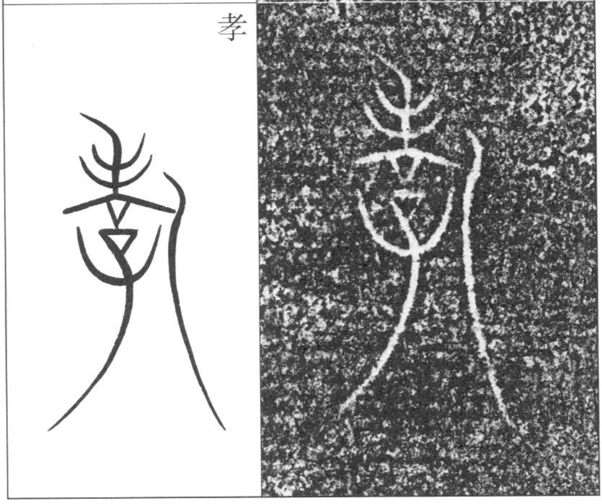

寰（宣）惠，𦦻（舉）掔（賢）

寰

惠

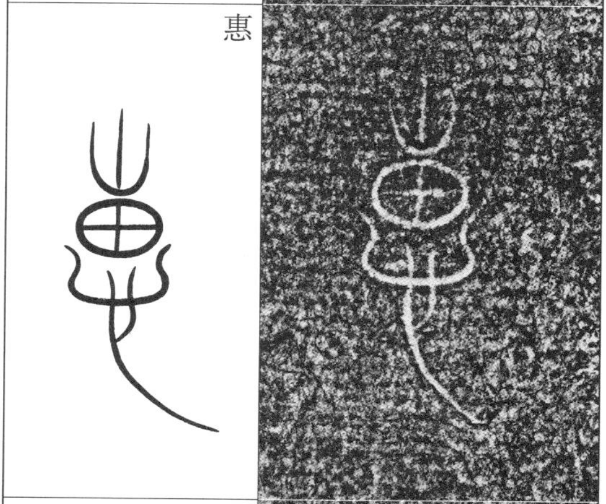

𦦻

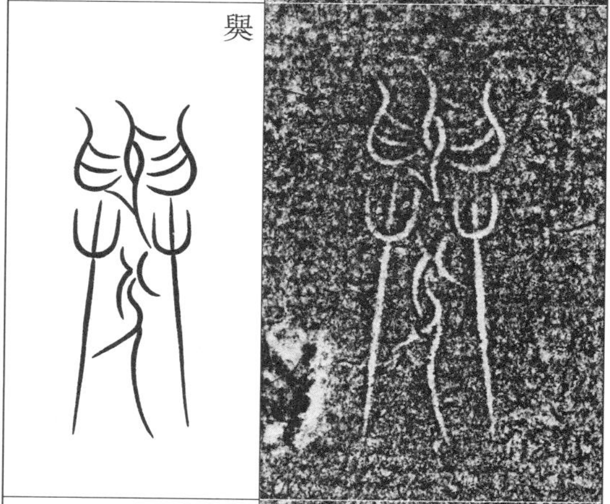

掔

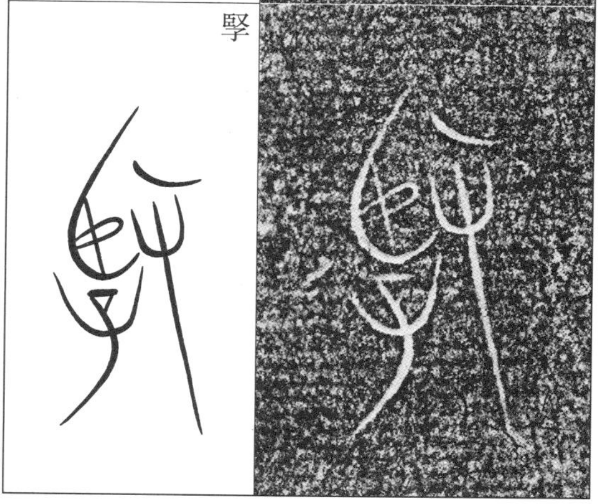

速（使）能，天不

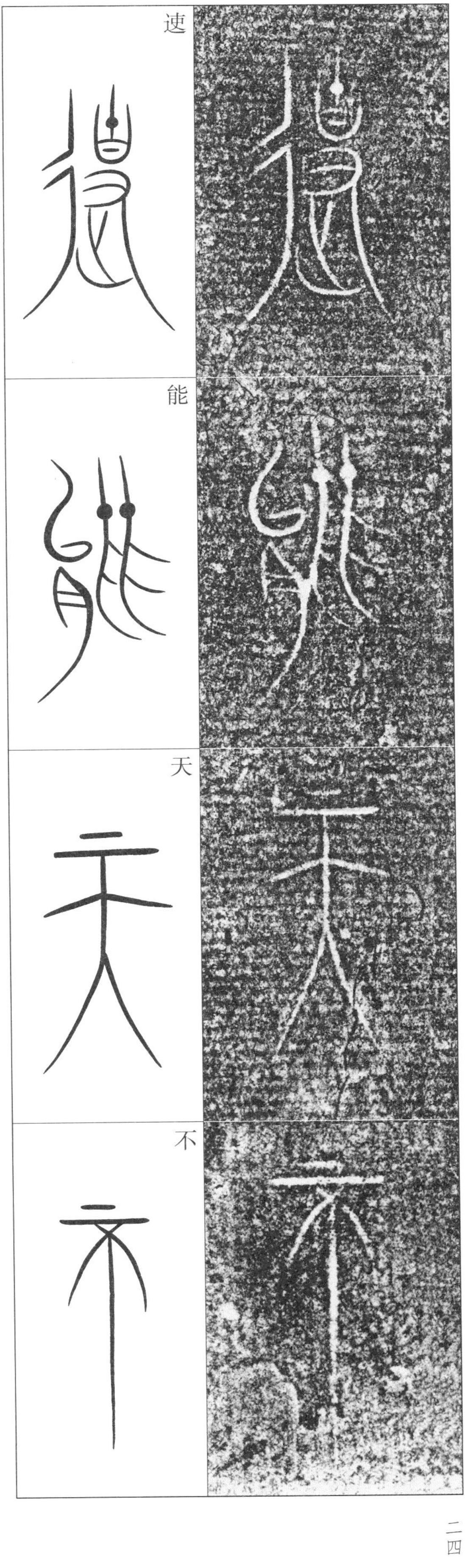

臭（斁）其又（有）忨（願），

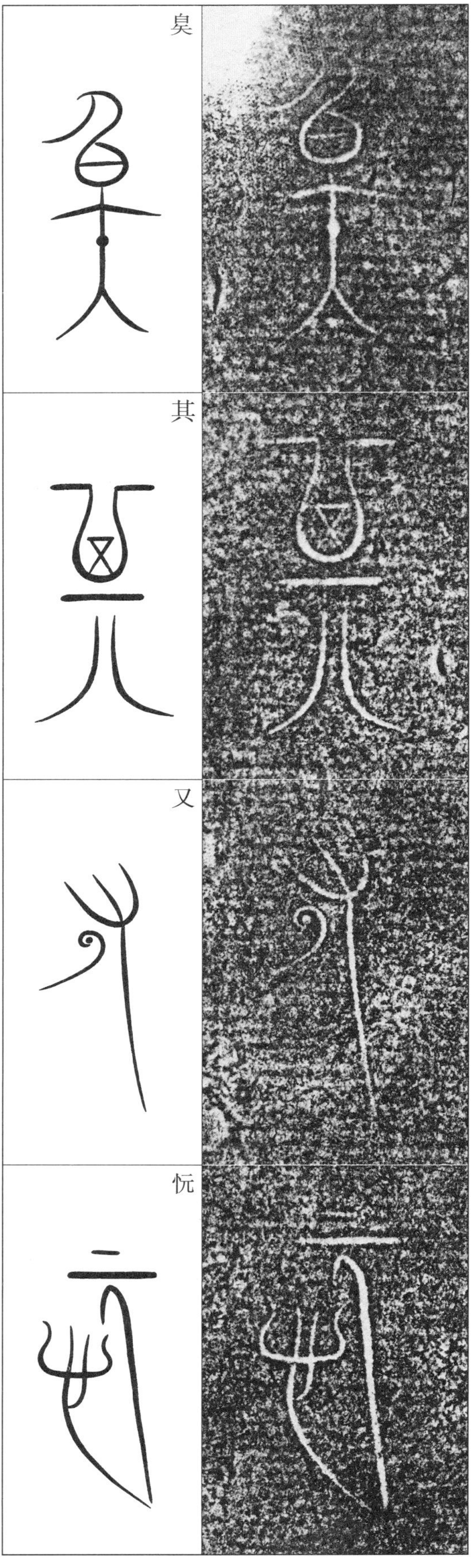

速（使）旻（得）臤（賢）在（才）

速

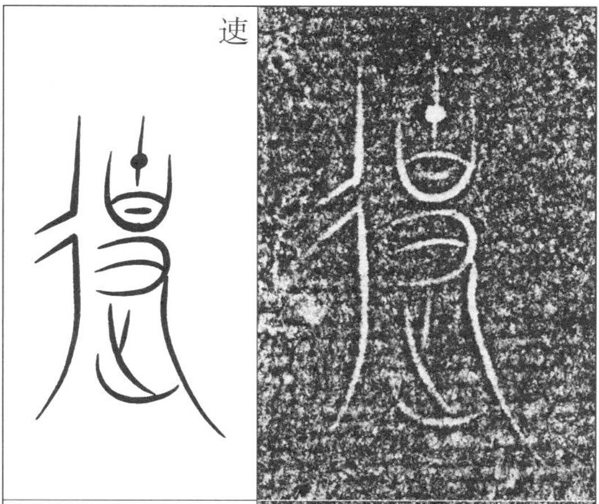

旻

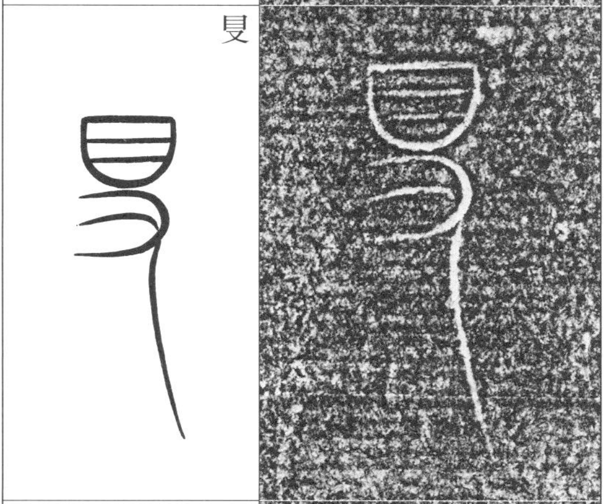

臤

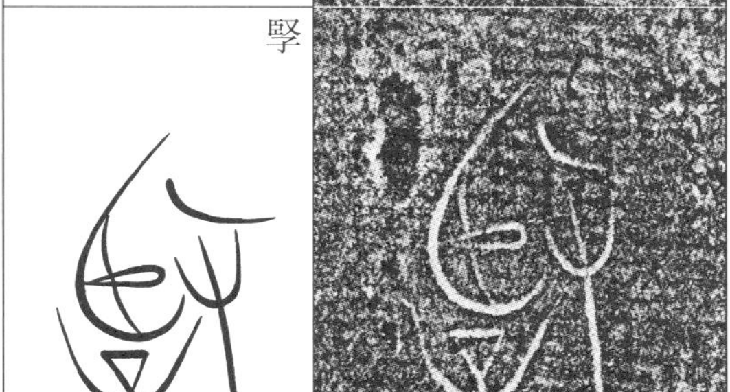

在

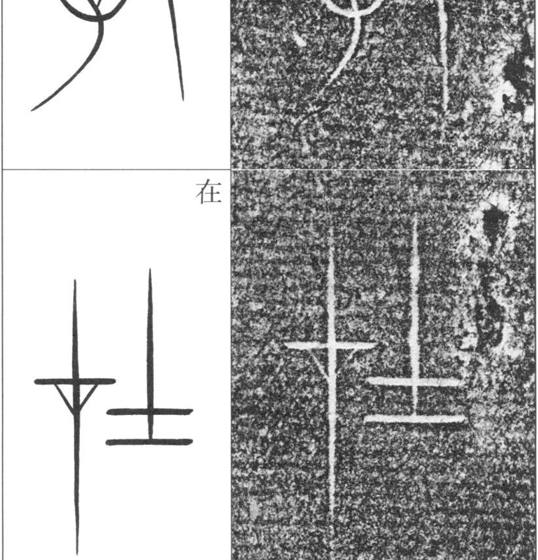

良⿰犭差（佐）賈，㠯（以）

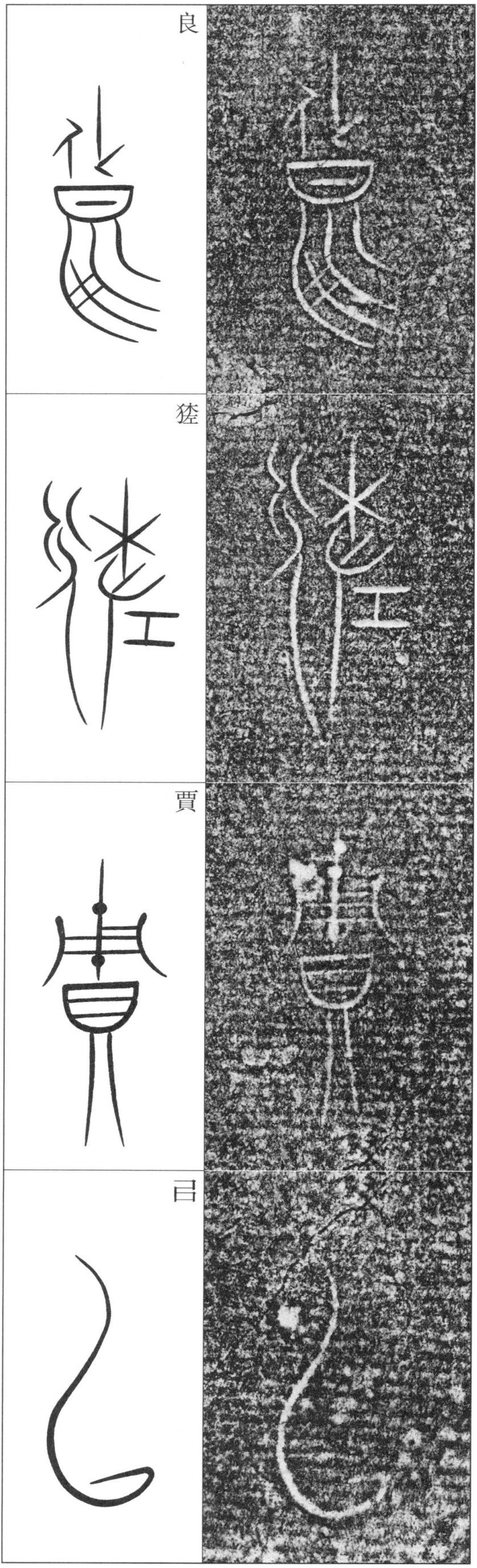

輔相氒（厥）身。

輔

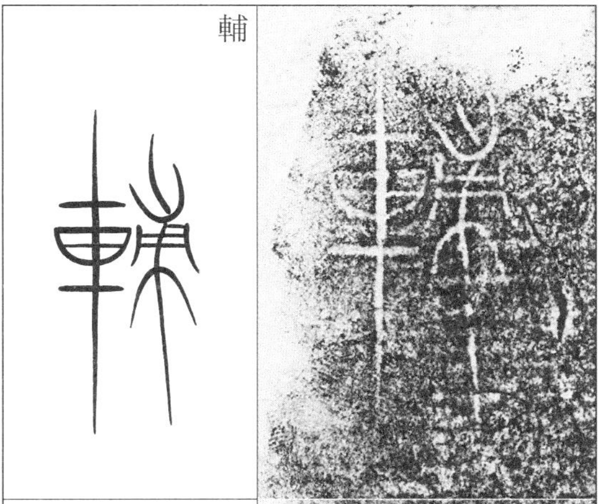

相

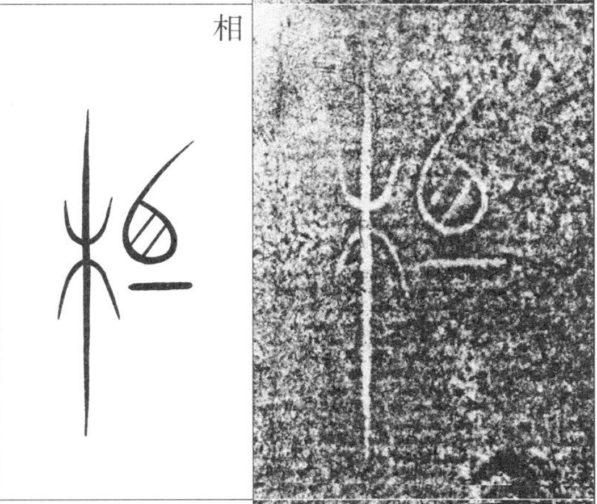

氒

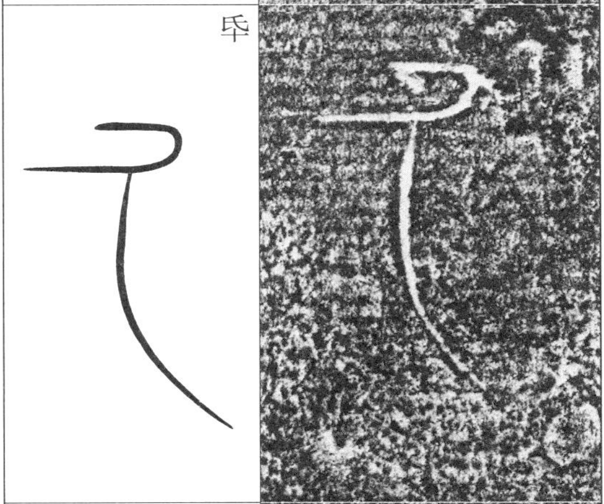

身

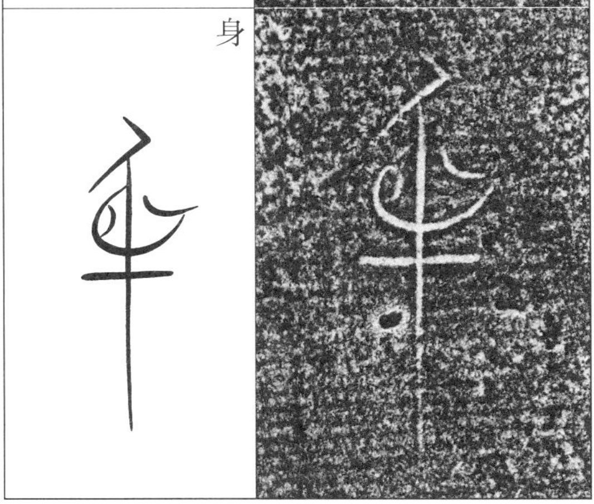

余智（知）其忠

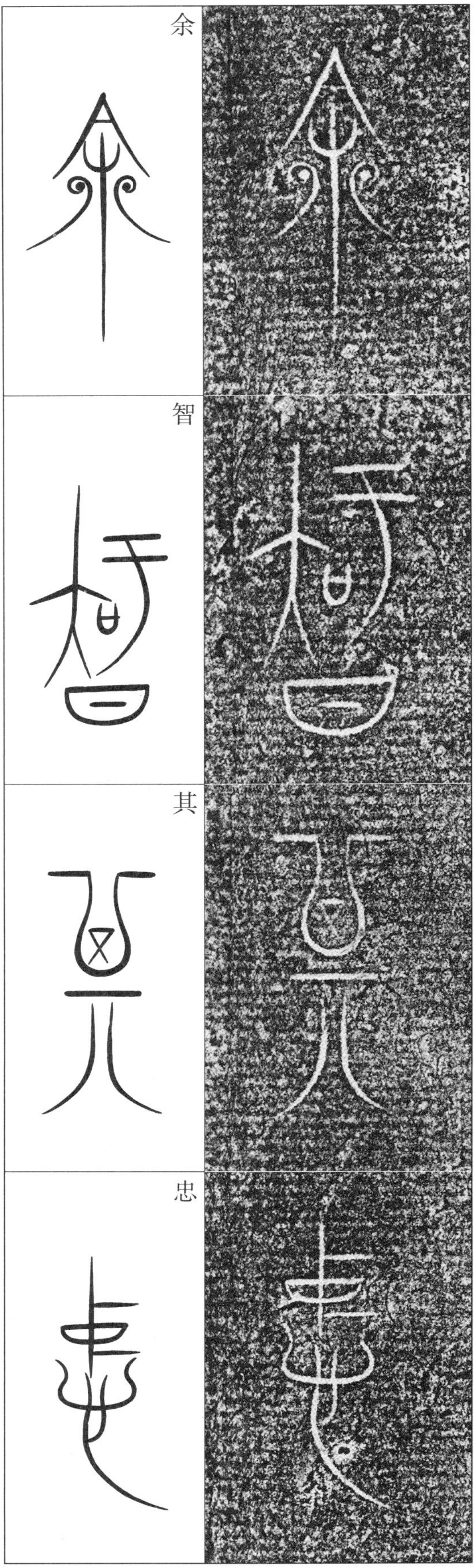

⿰言身（信）施（也），而⿰言复（屬）

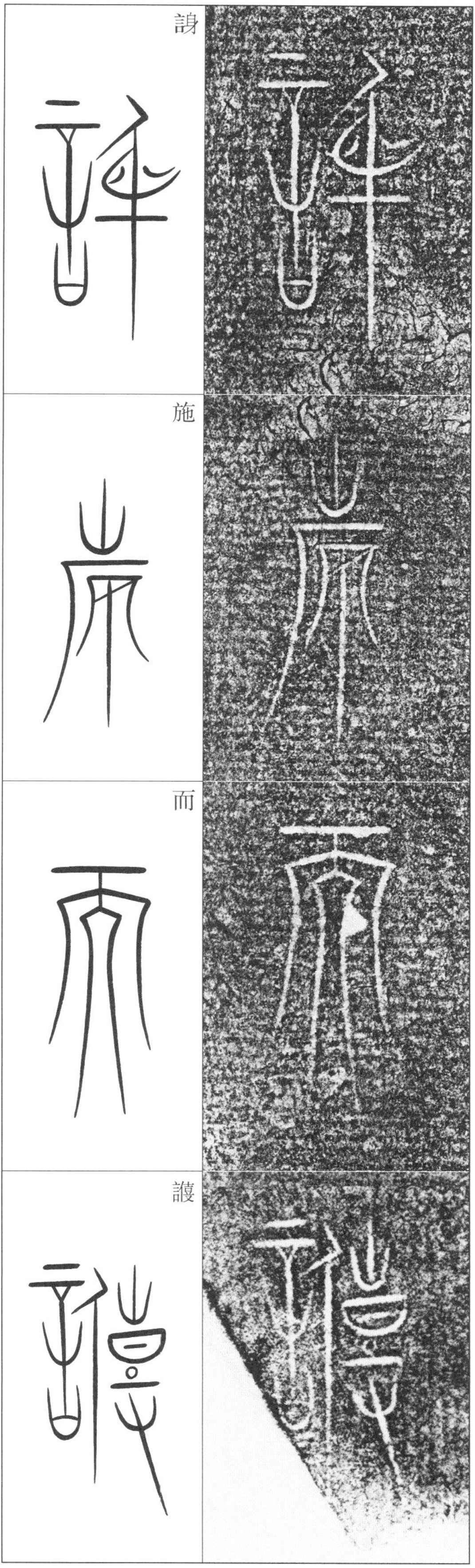

賃（任）之邦，氏（是）

賃

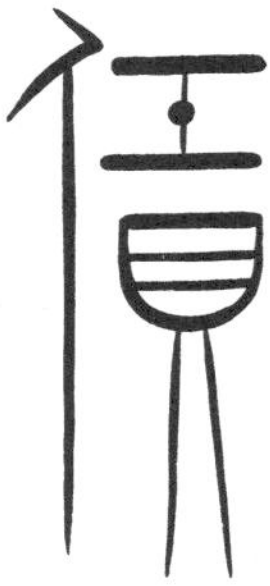

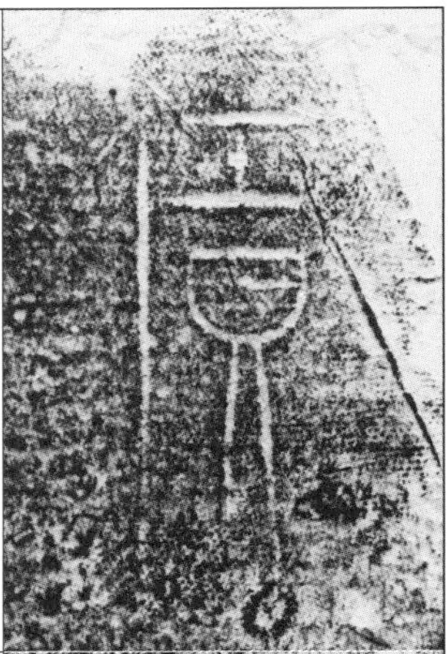

之

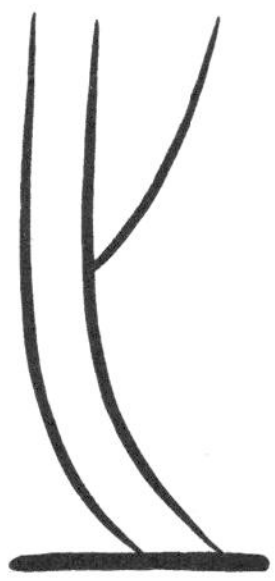

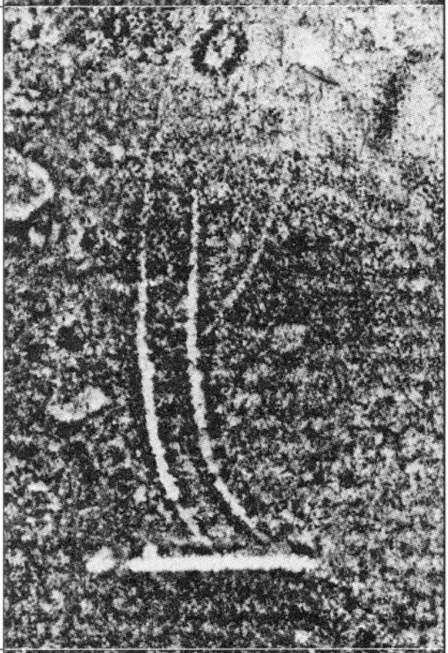

邦

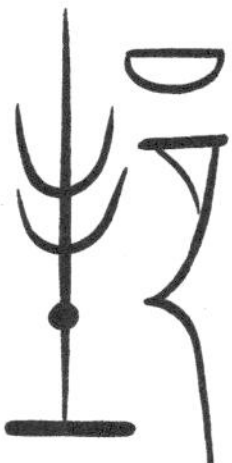

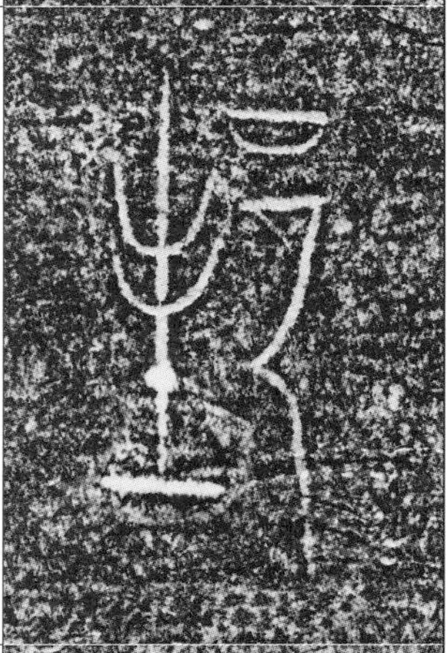

氏

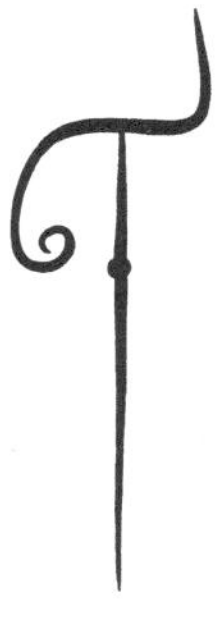

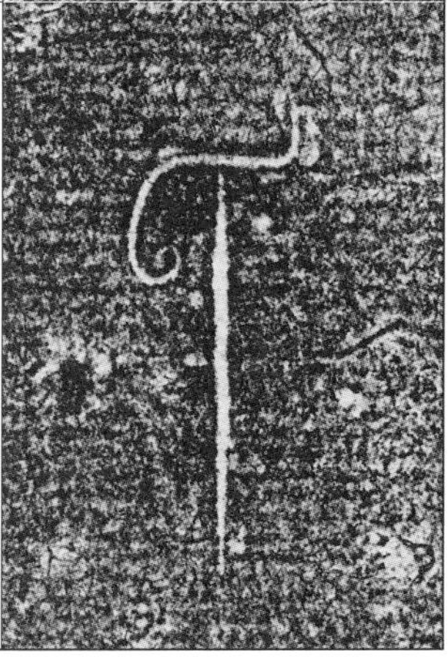

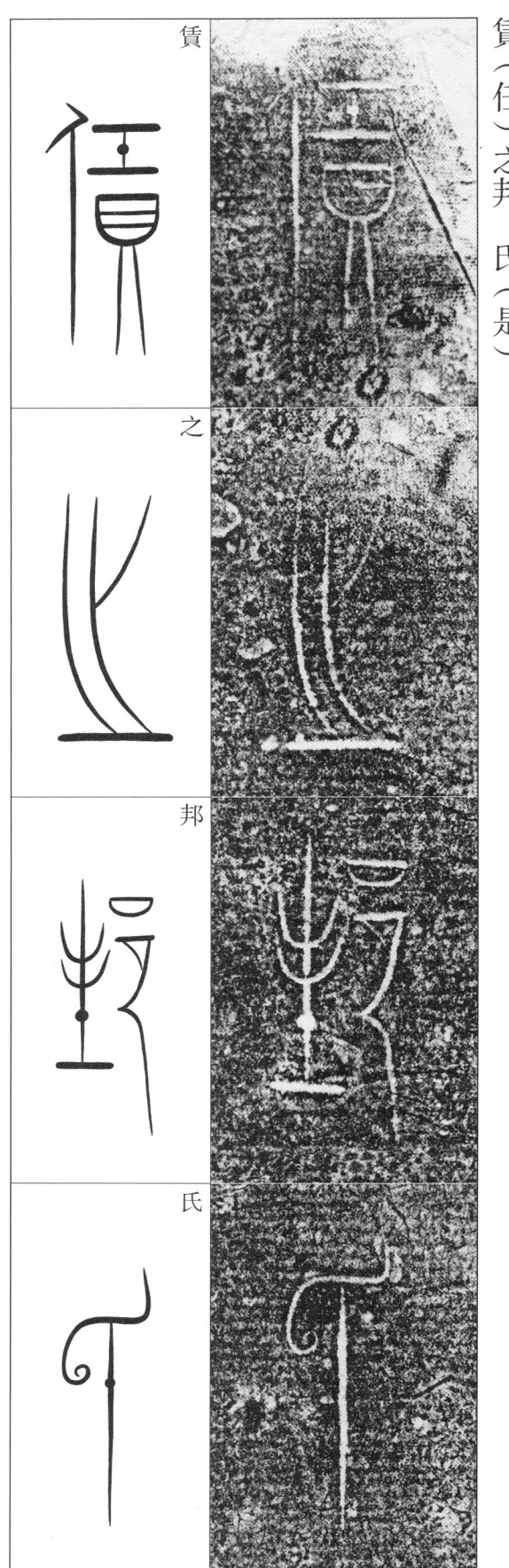

㠯（以）遊夕㱃（飲）

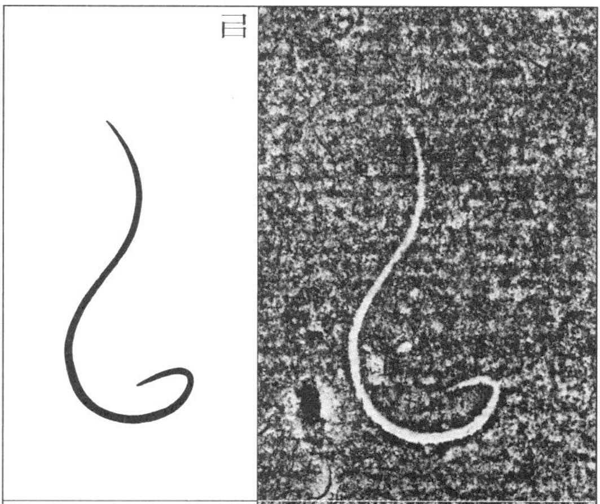

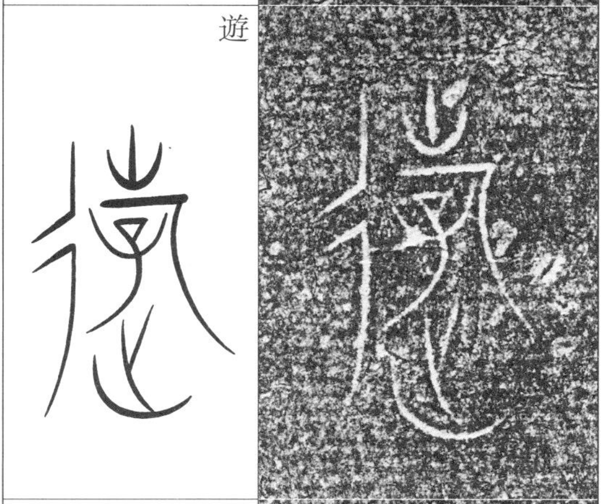

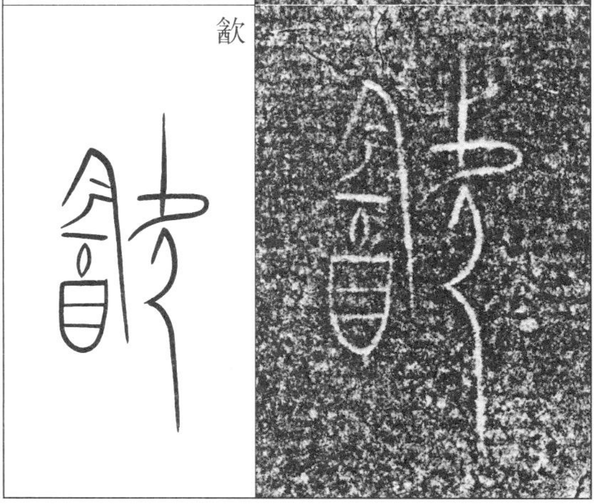

飤（食），盅（寧）又（有）[illegible]（遽）

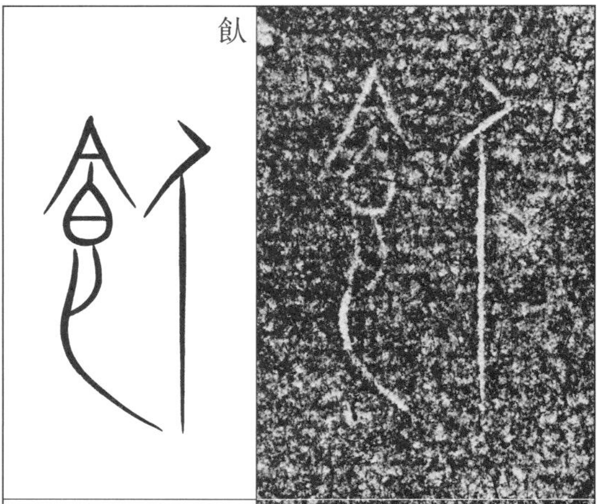

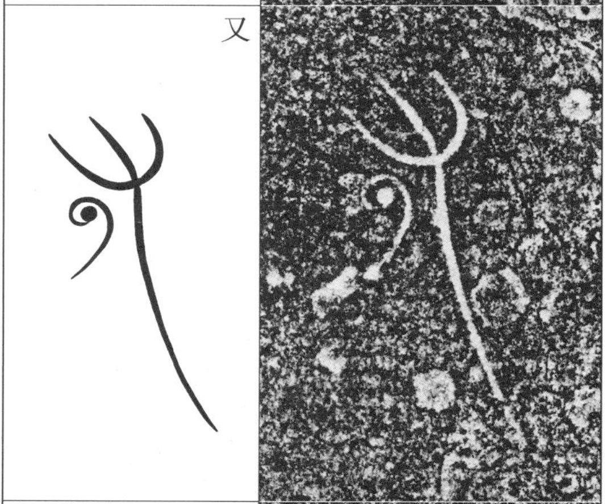

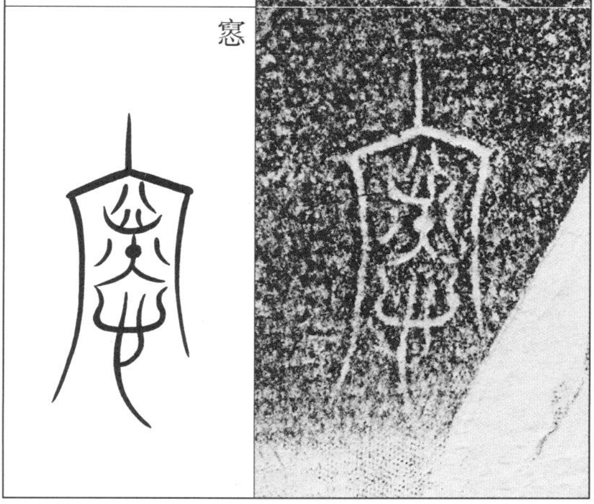

煬（惕）。賈渴（竭）志

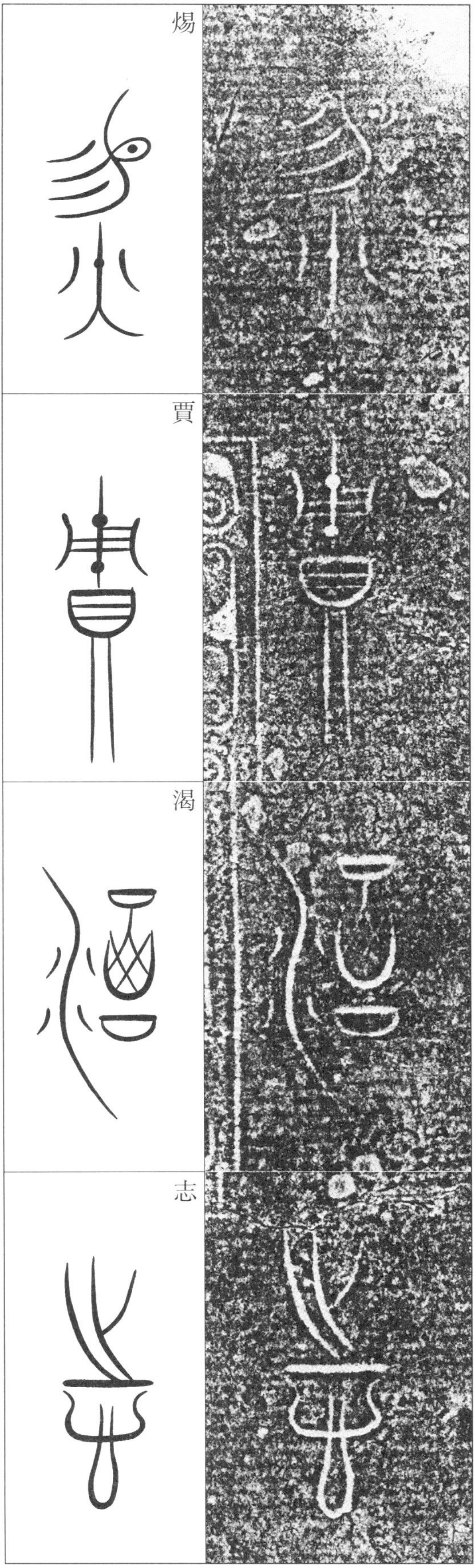

盡忠，㠯（以）⿰犭差（左）

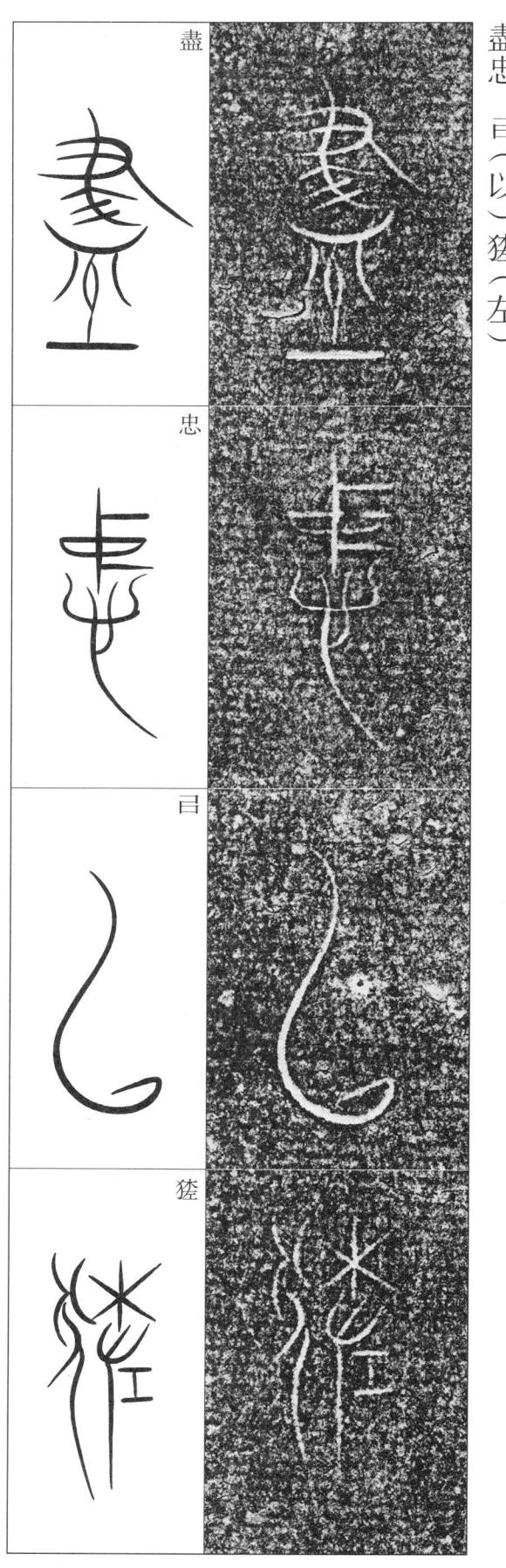

盡

忠

㠯

⿰犭差

右氒（厥）闢（辟），不

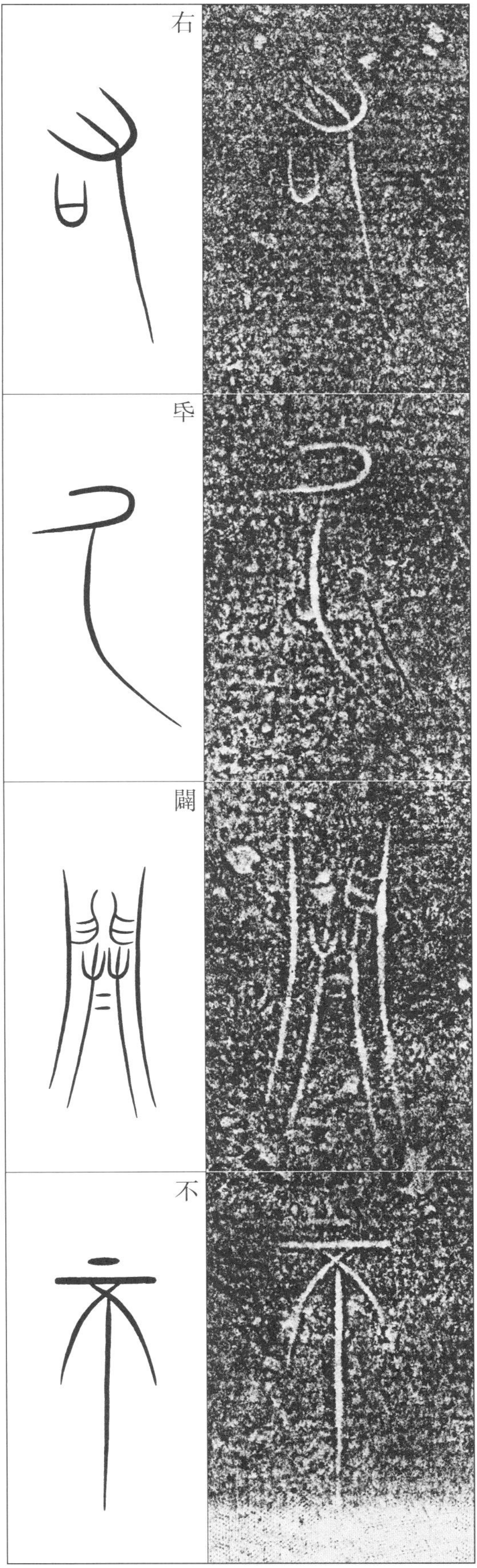

⿰月弍（貳）其心，受

⿰月弍

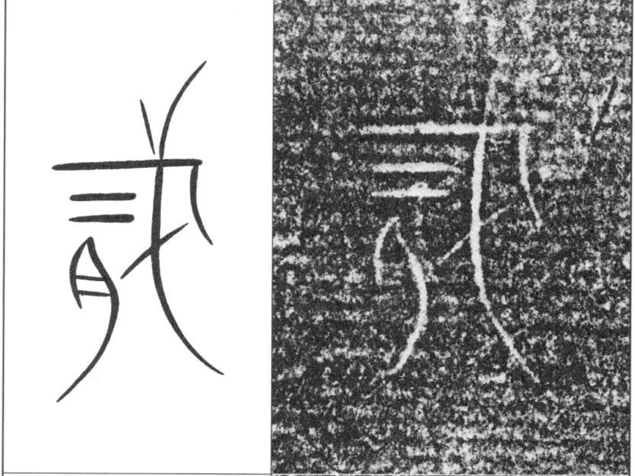

其

心

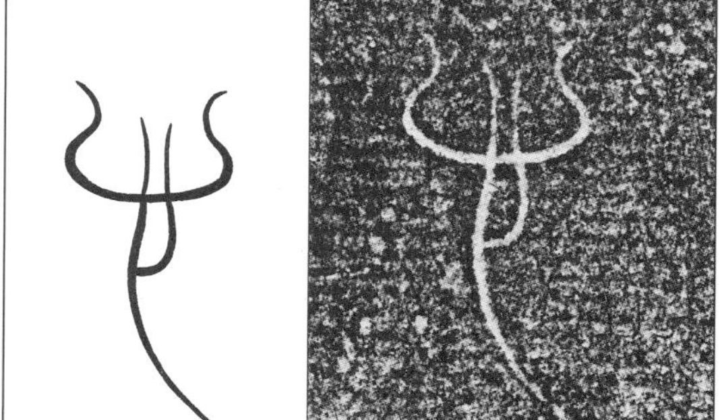

受

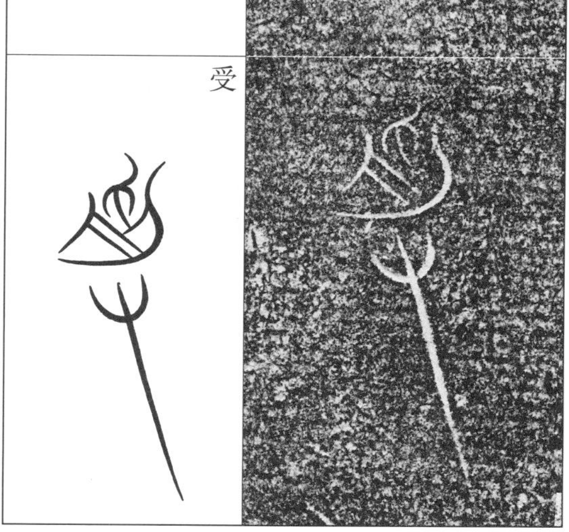

賃（任）⿰犭坴（佐）邦，夙

賃

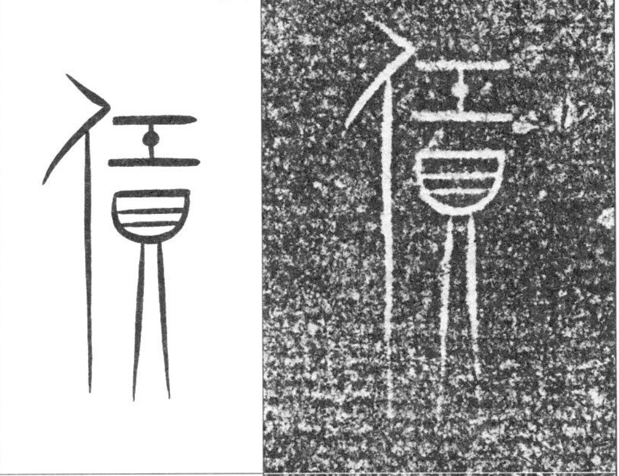

⿰犭坴

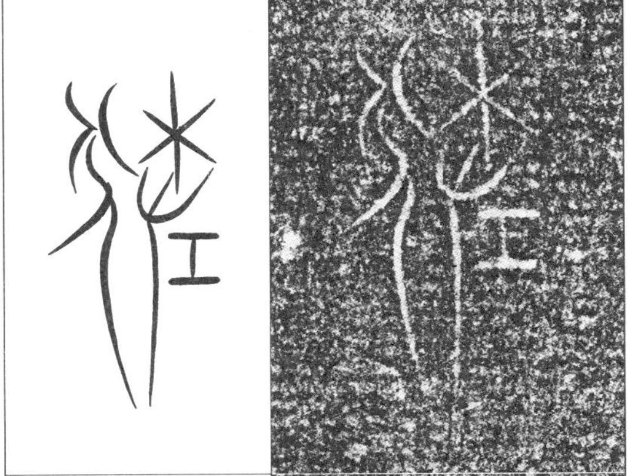

邦

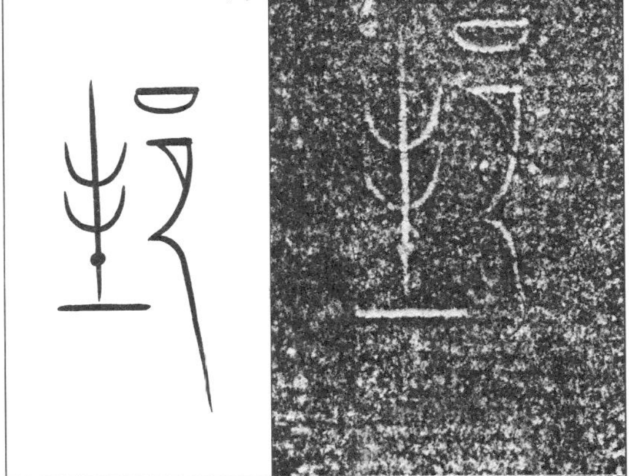

夙

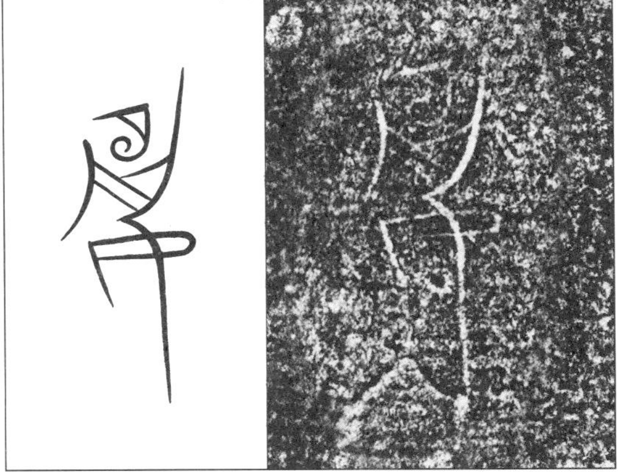

夜筐（匪）解（懈），進

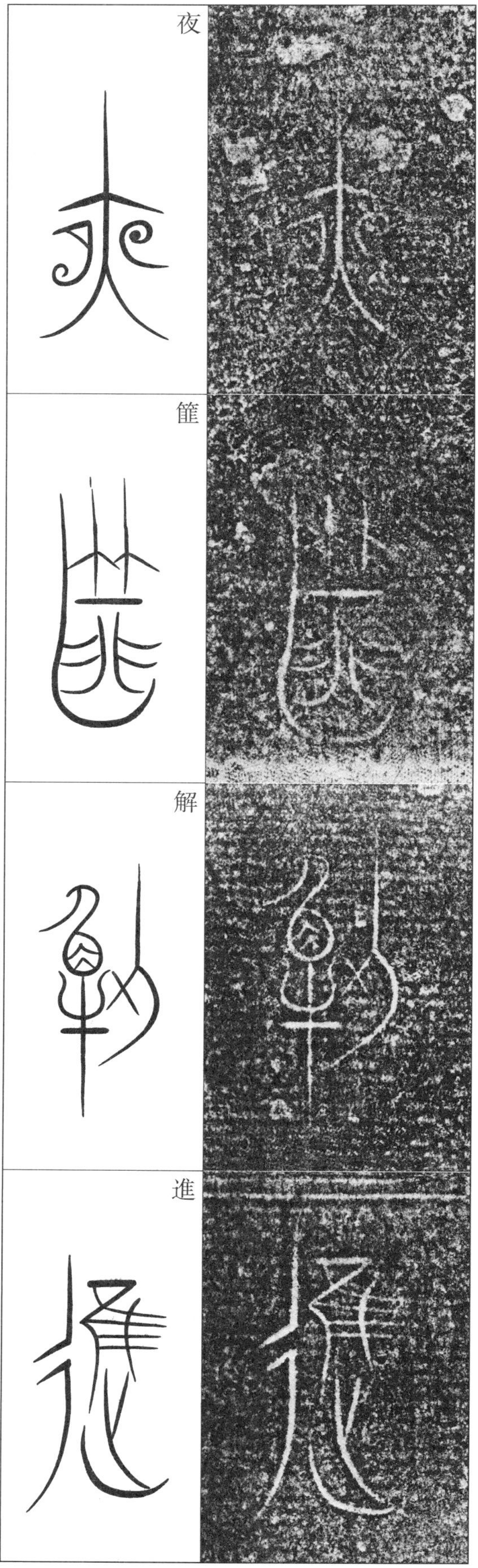

臤（賢）散（措）能，亡（無）

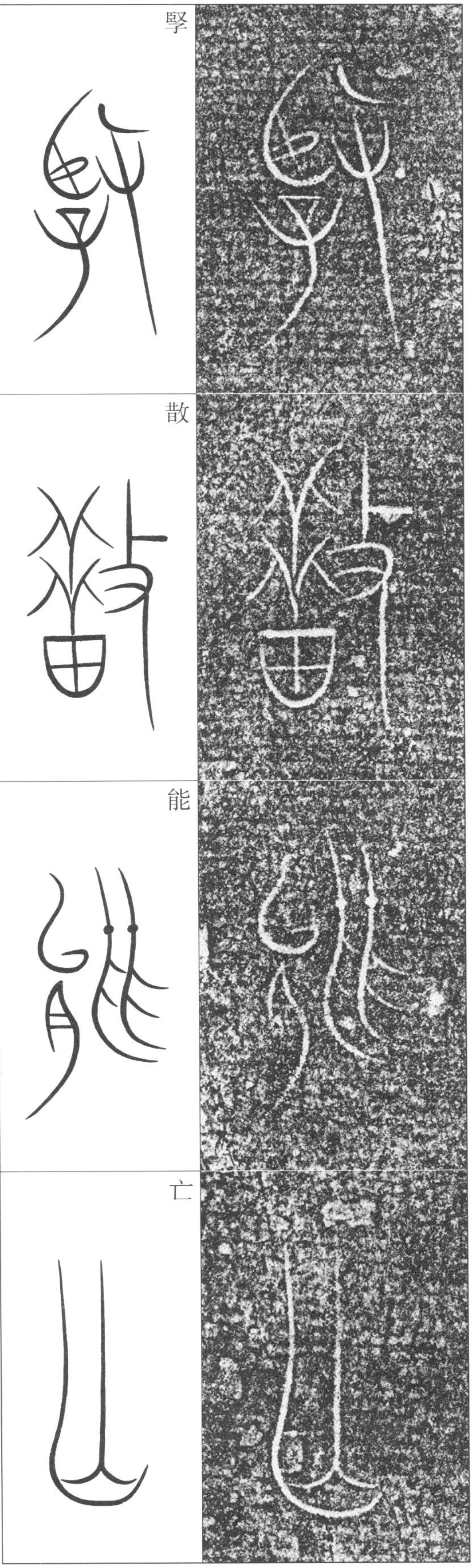

又（有）轌（常）息，㠯（以）

又

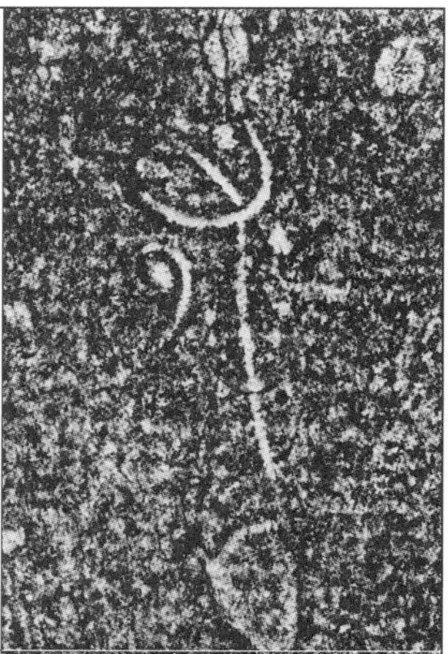

轌

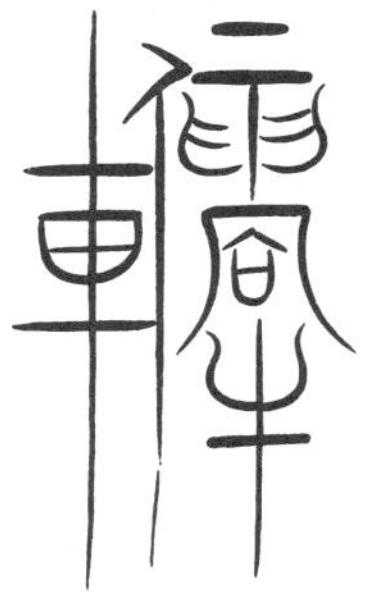

息

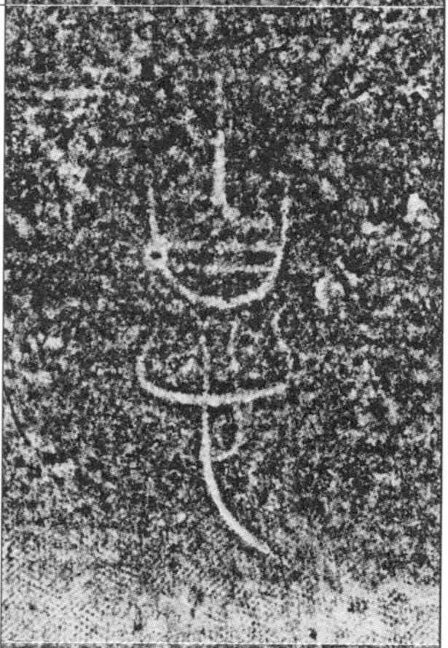

㠯

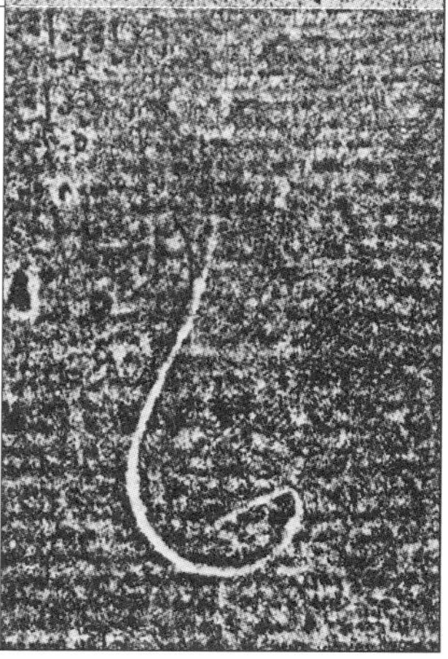

明闢（辟）光。僑（適）

明

闢

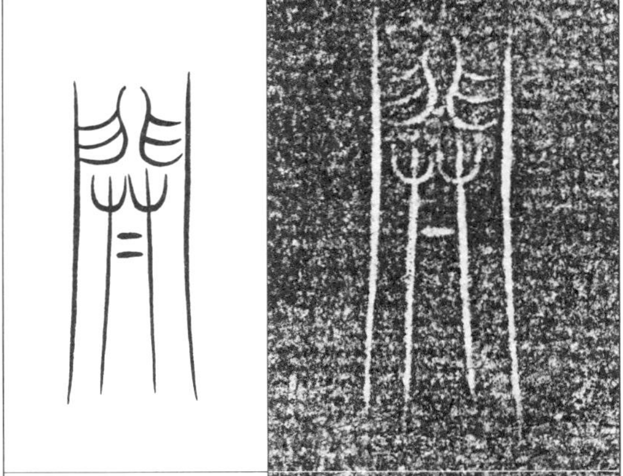

光

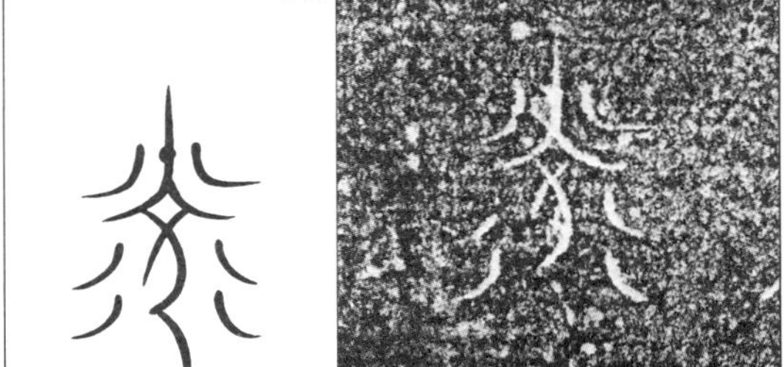

僑

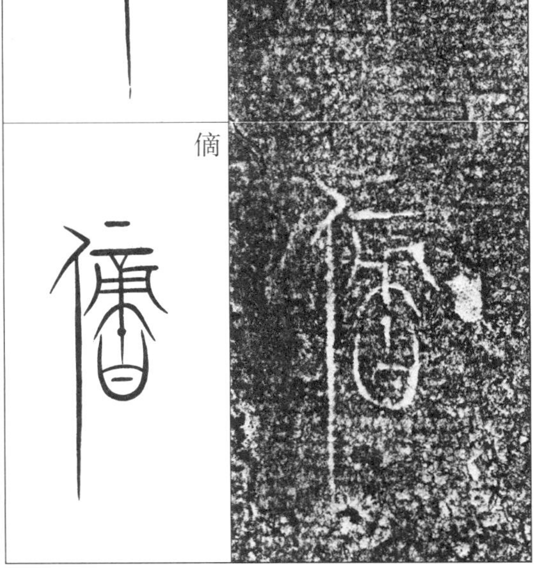

曹（遭）郾（燕）君子

曹

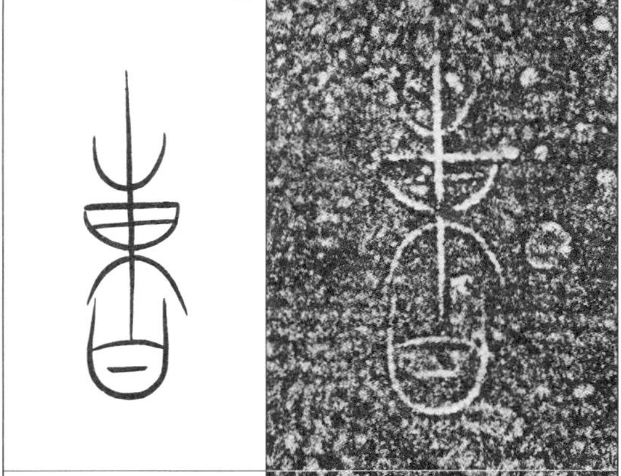

郾

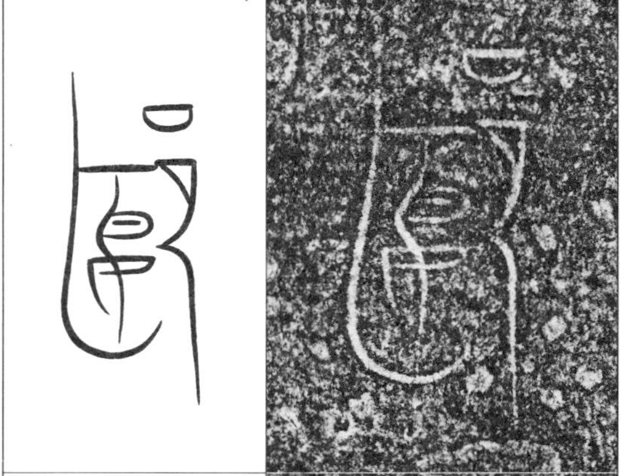

君

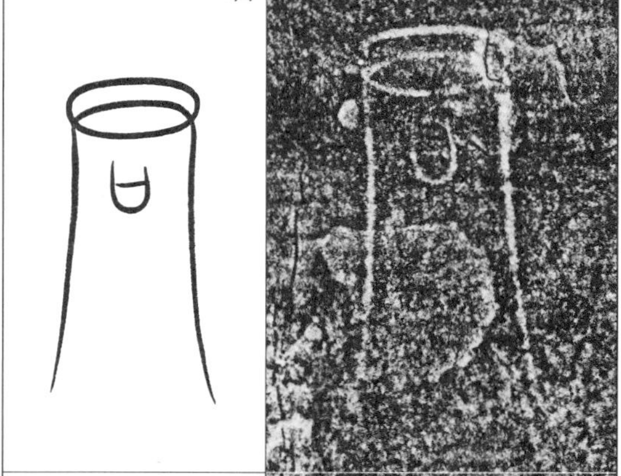

子

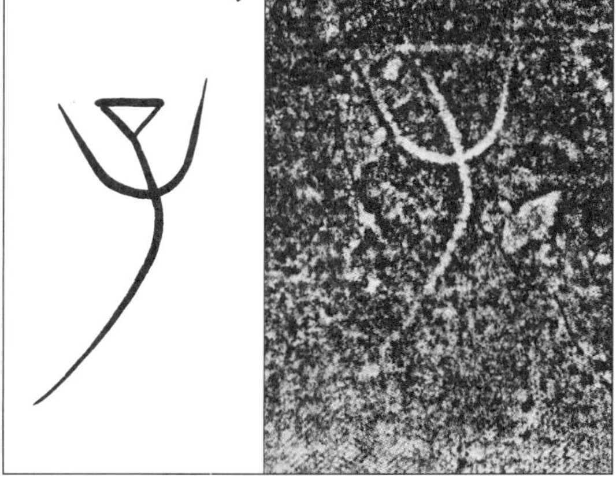

儈（噲）不⿰鳥頁（顧）大

儈

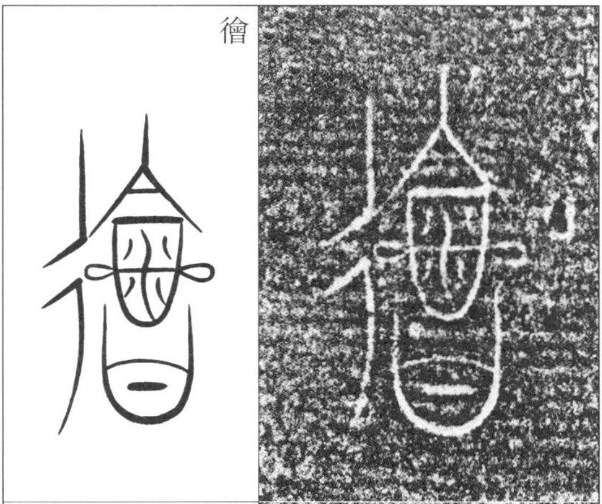

不

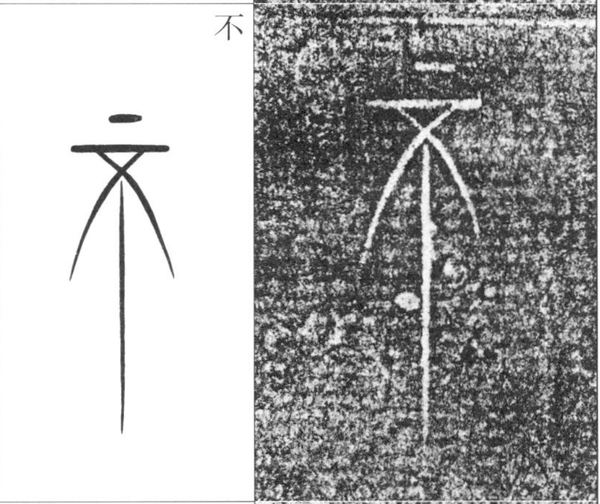

⿰鳥頁

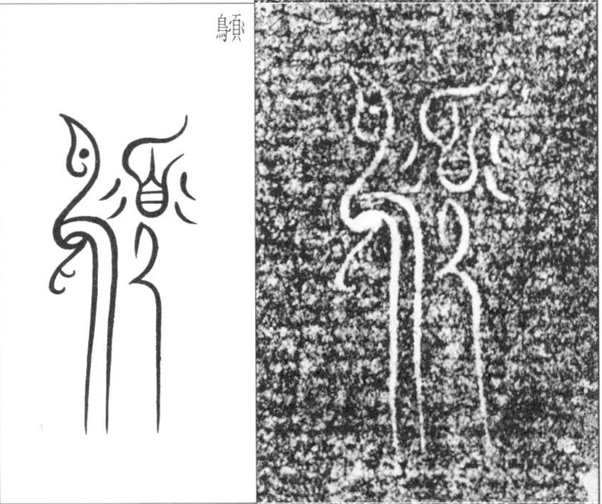

大

宜（義），不舊（舊）者（諸）

宜

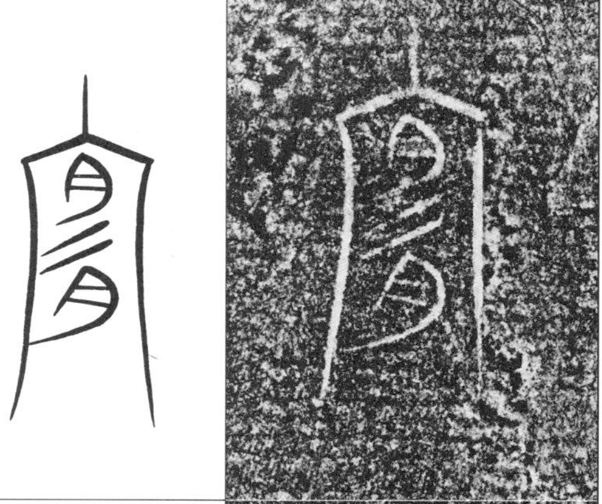

不

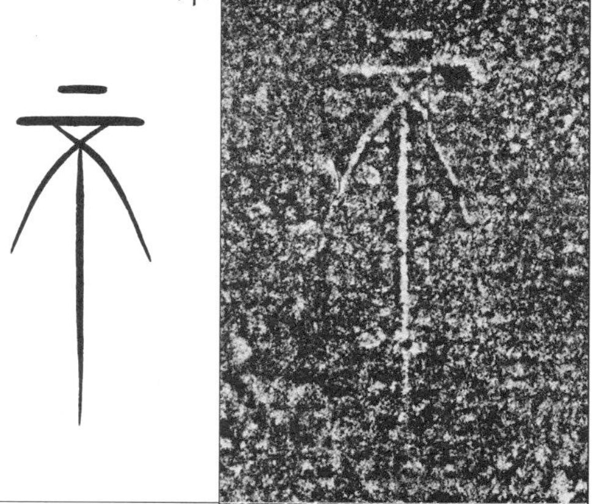

舊

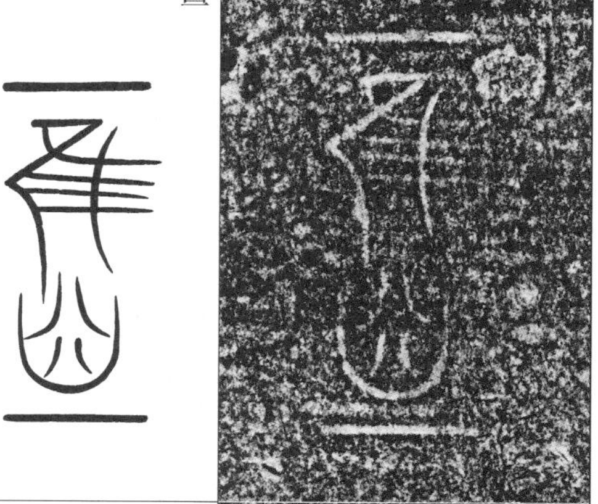

者

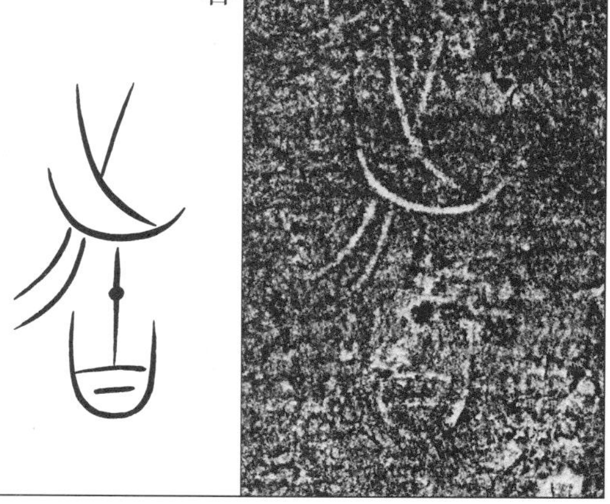

侯，而臣宝（主）

侯

而

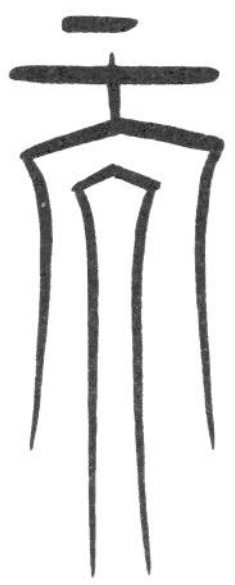

臣

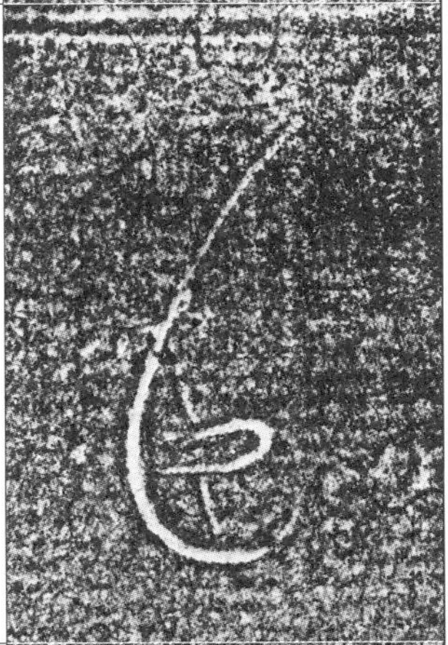

宝

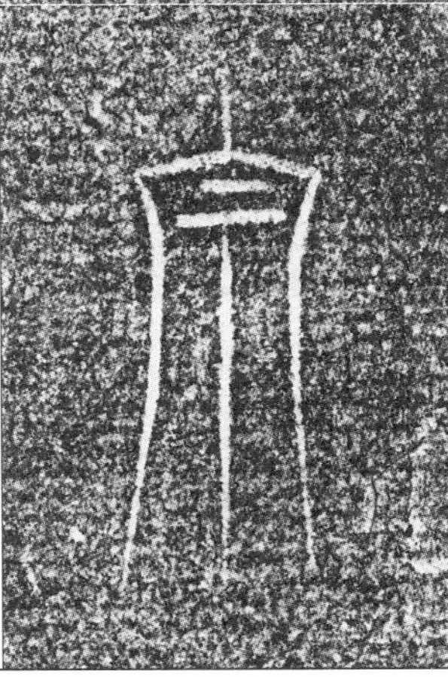

易立（位），㠯（以）内

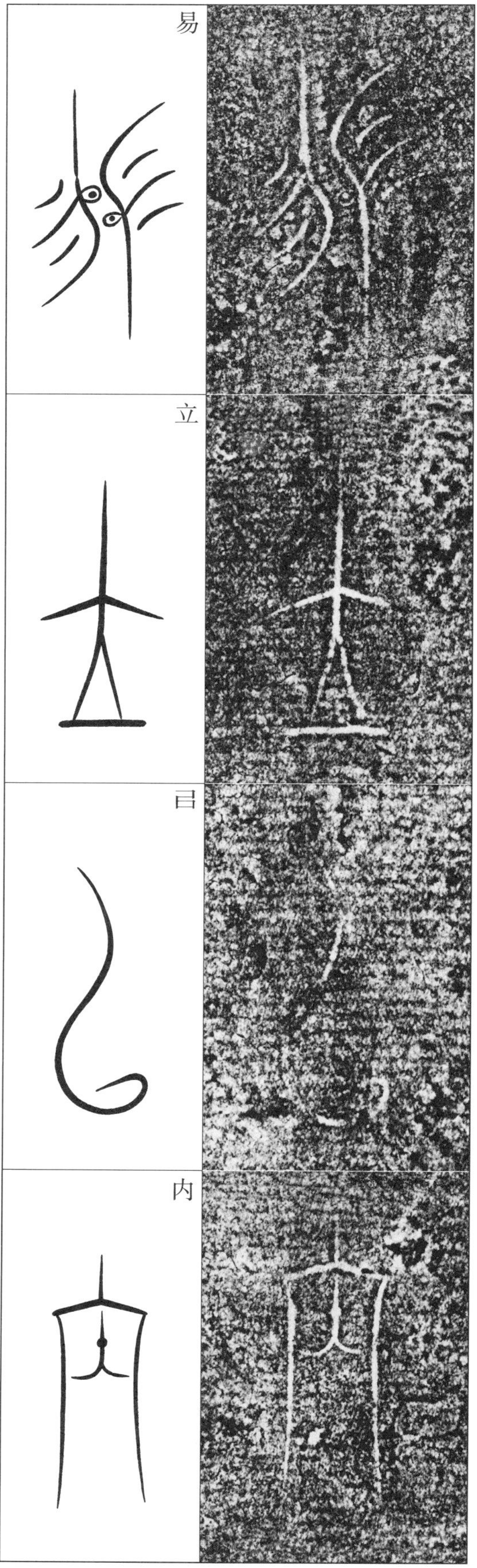

𢇍（絶）邵（召）公之

𢇍

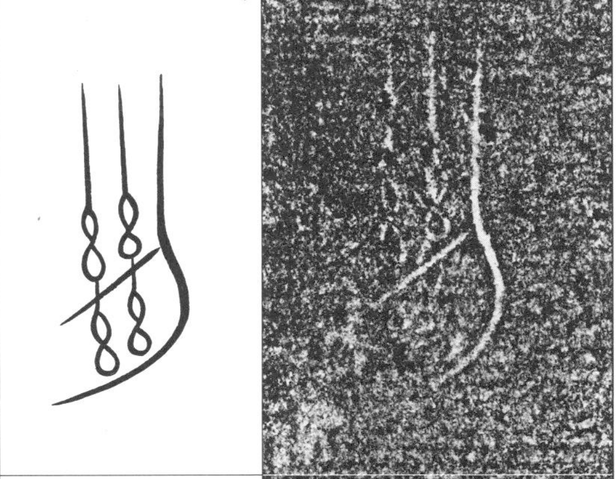

邵

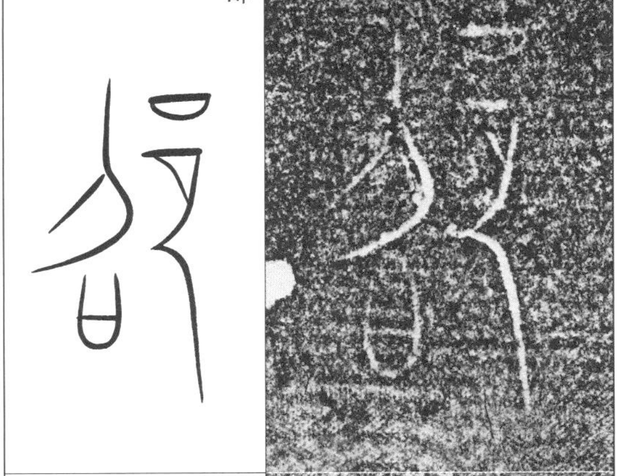

公

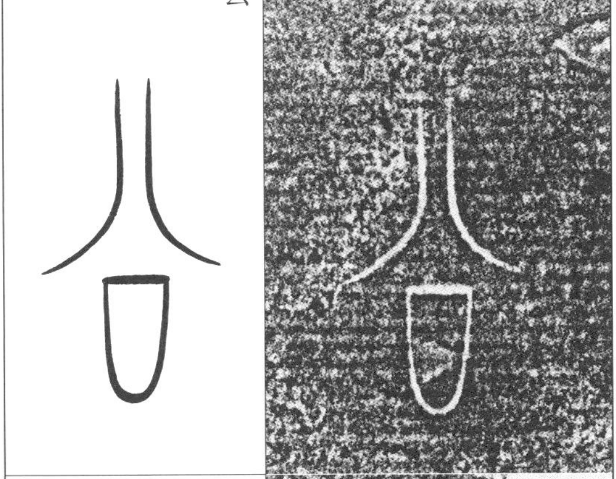

之

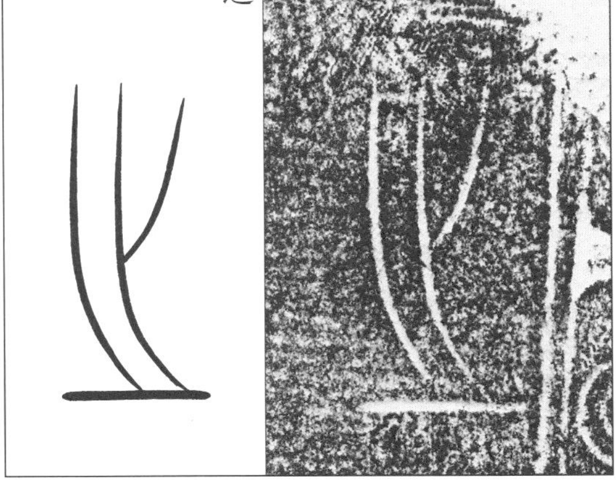

業，乏其先

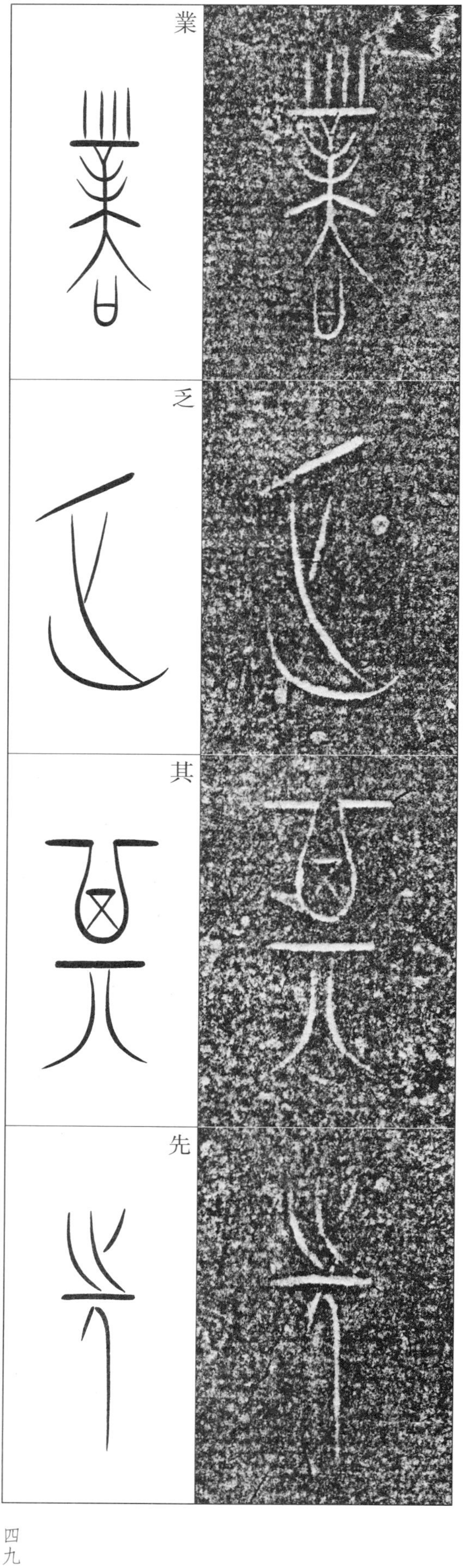

王之祭祀，

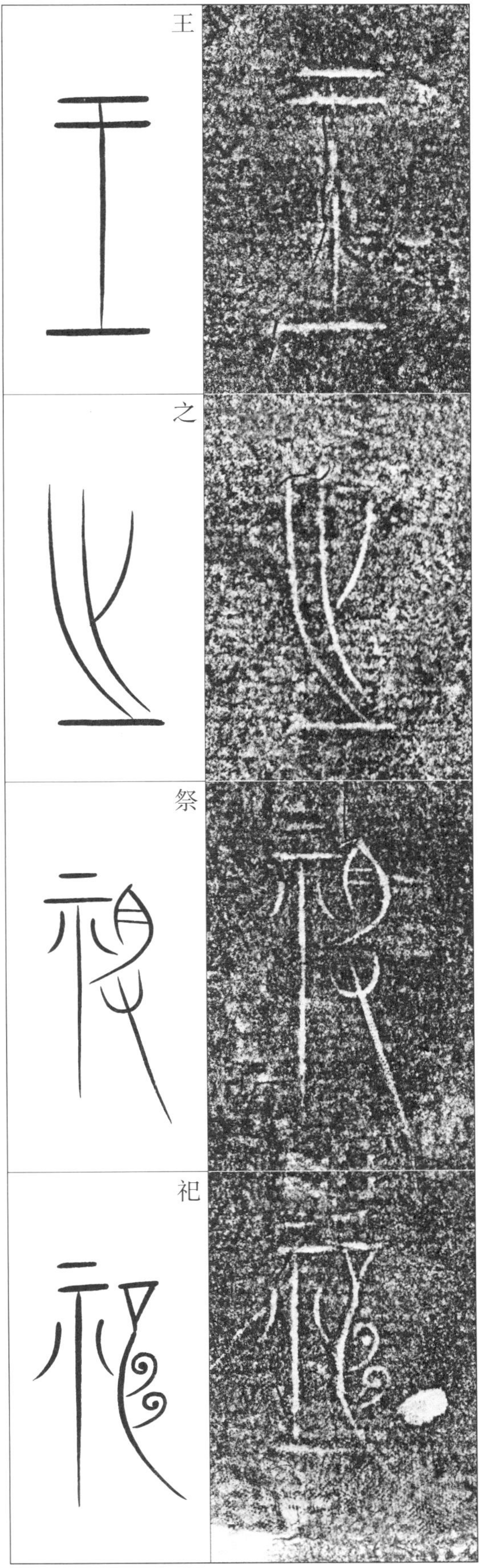

外之則⿰爿酉（將）

外

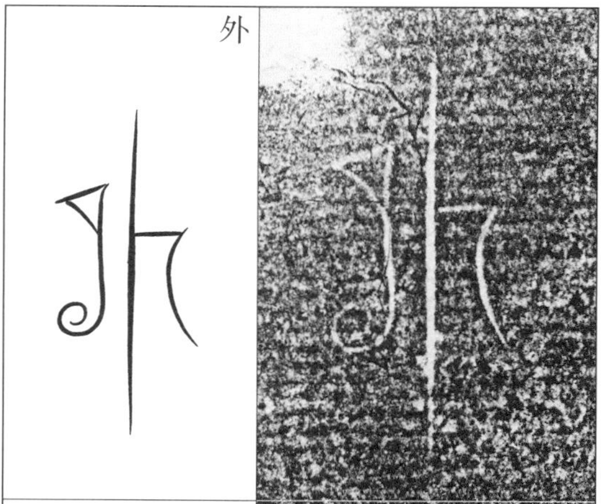

之

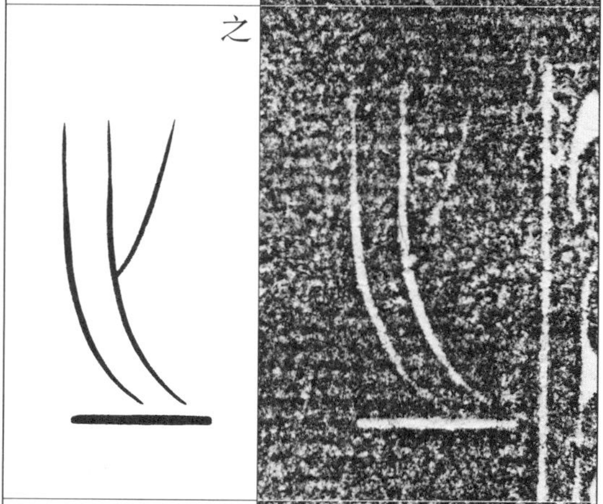

則

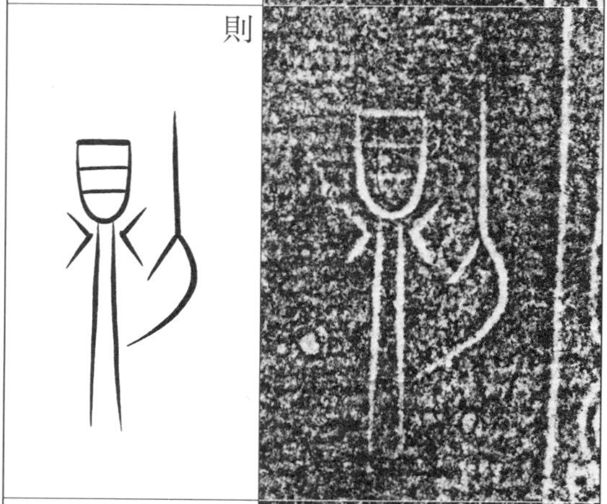

⿰爿酉

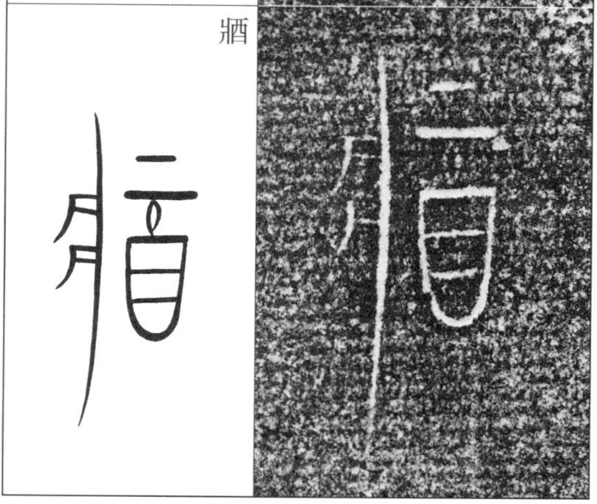

速（使）堂（上）勤（覲）於

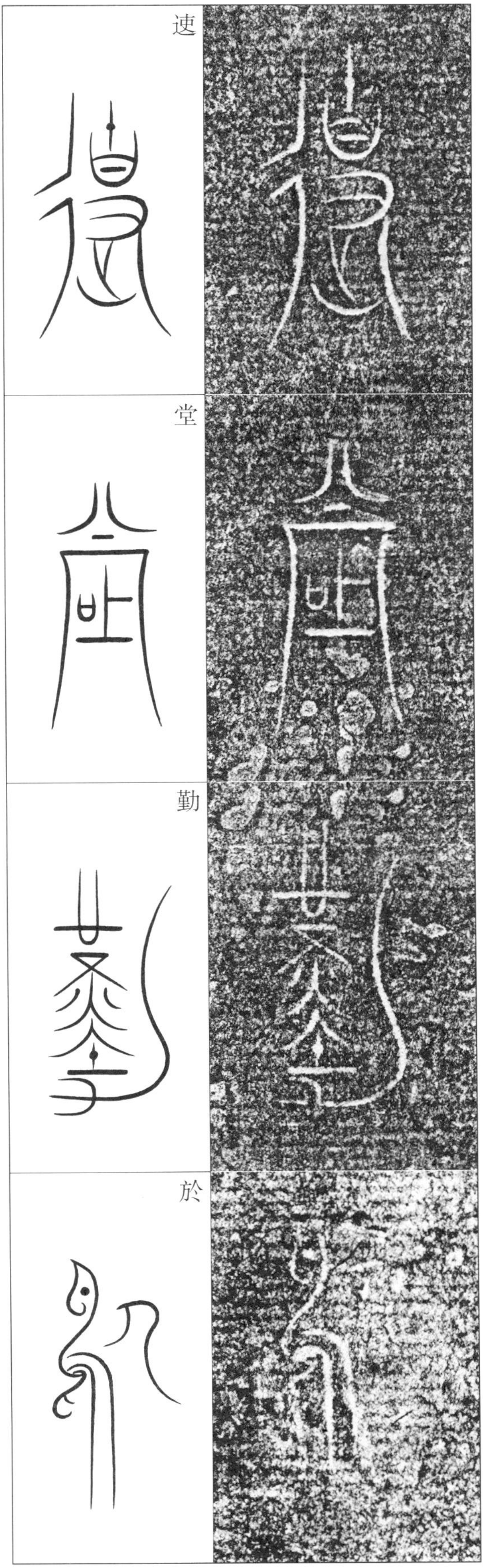

天子之庿（廟），

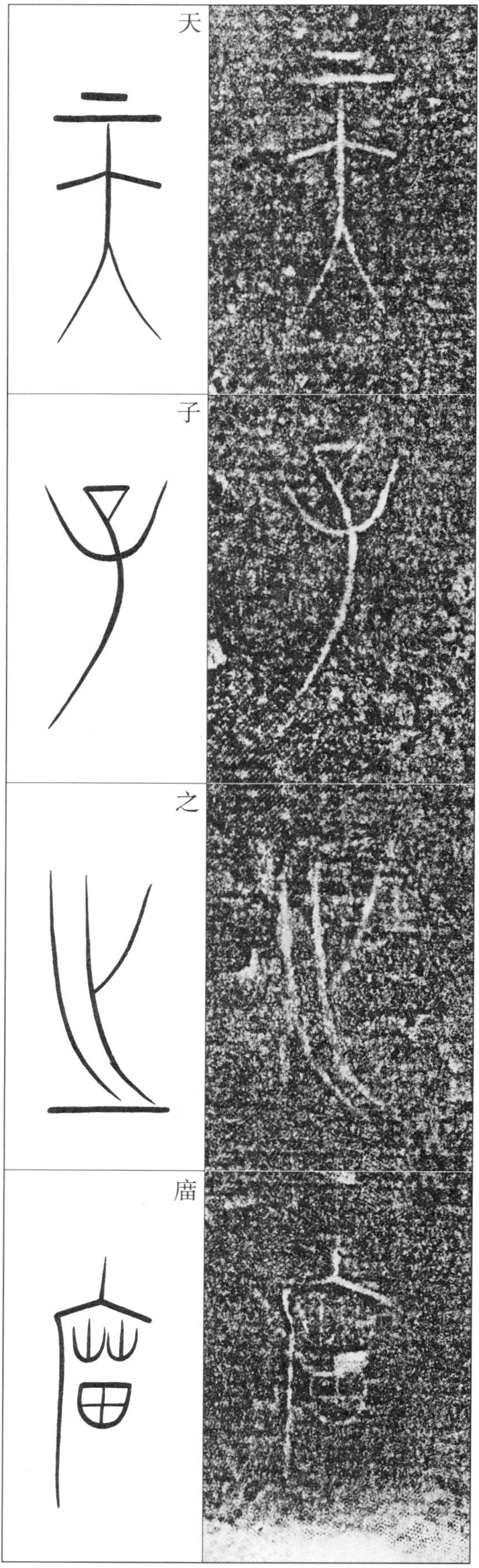

而退與者（諸）

而

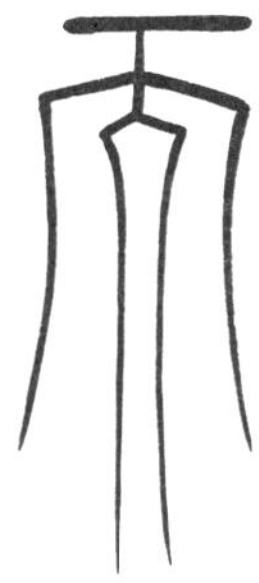

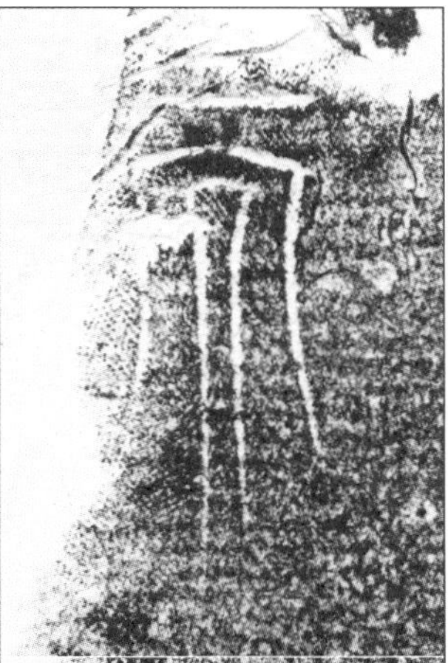

退

與

者

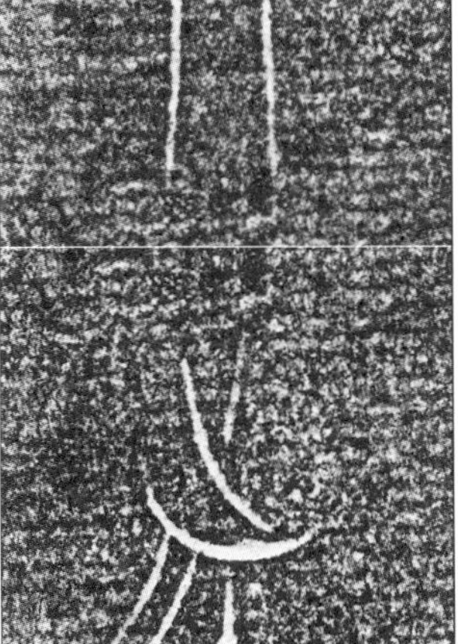

侯齒張（長）於

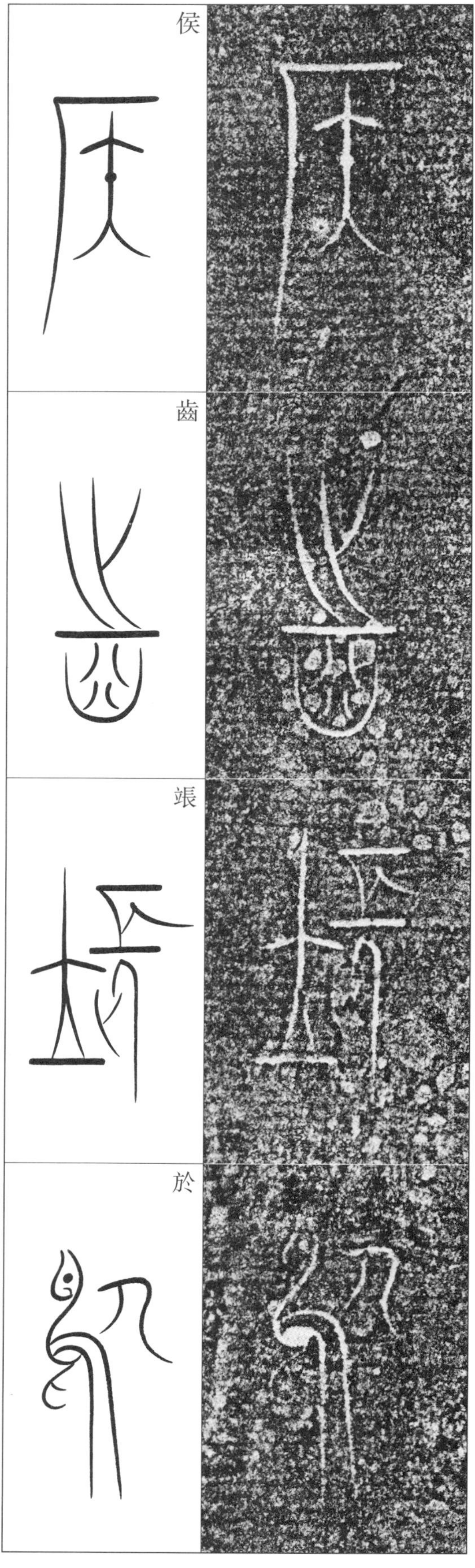

⿺辶會（會）同，則堂（上）

⿺辶會

同

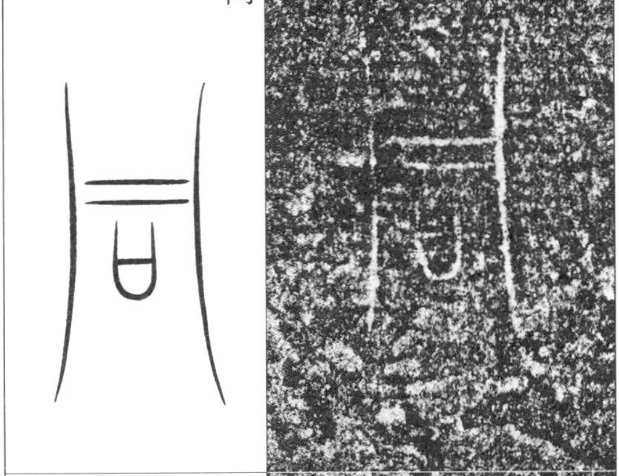

則

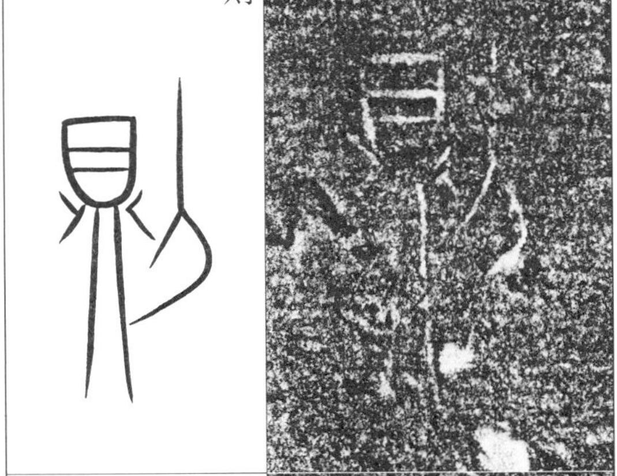

堂

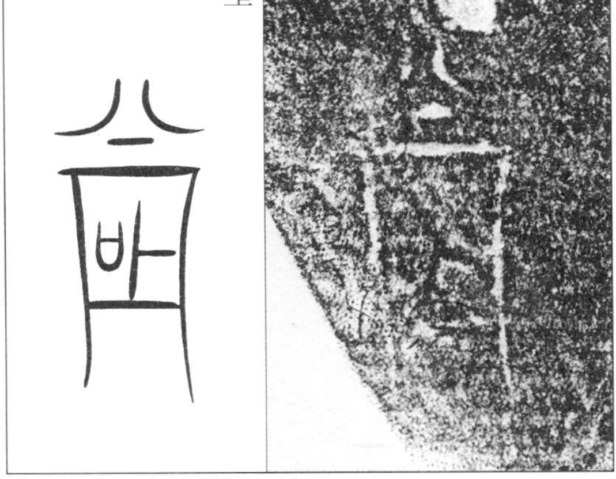

逆於天，下

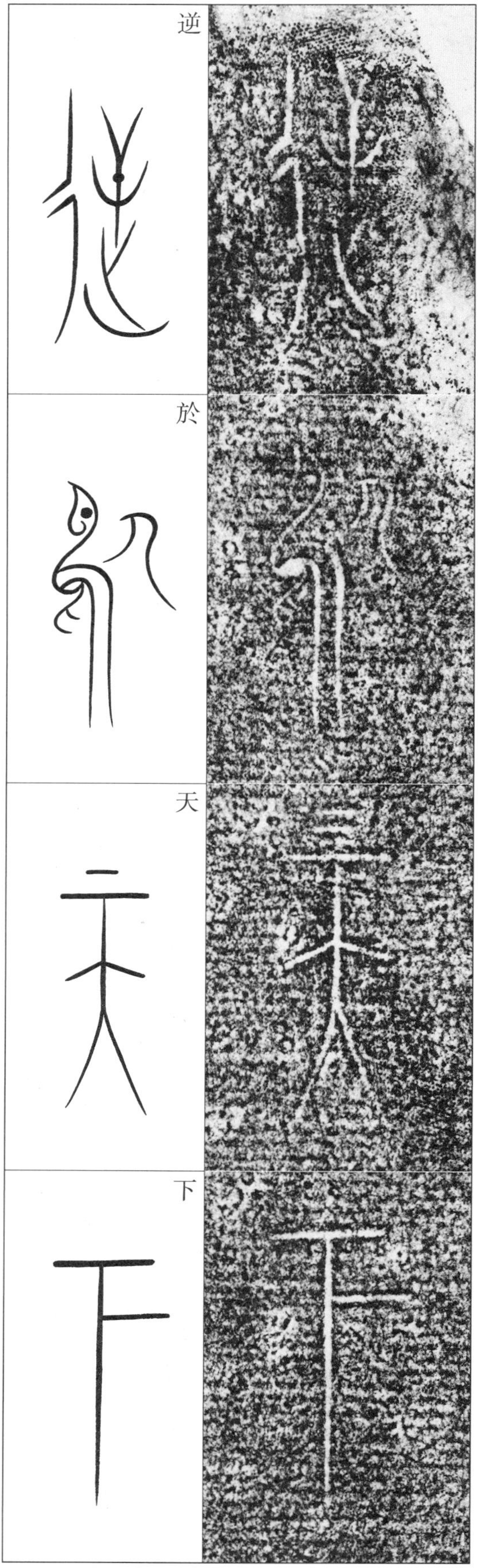

不愻（順）於人

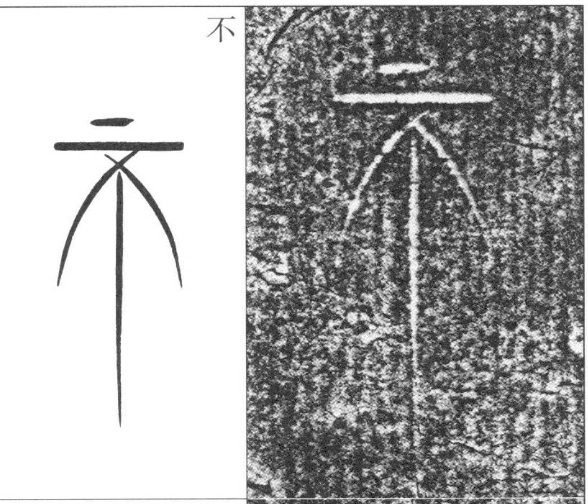

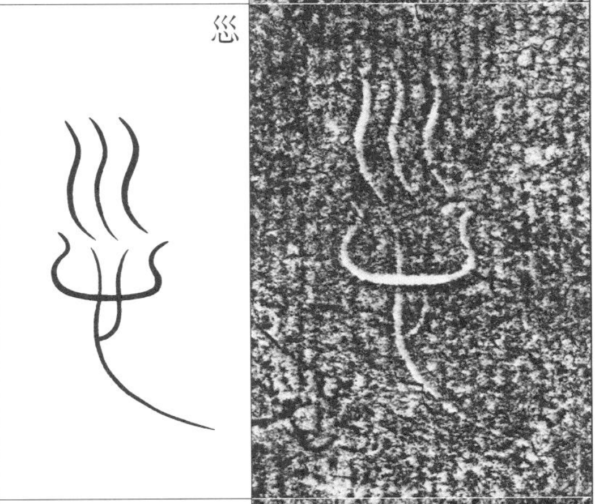

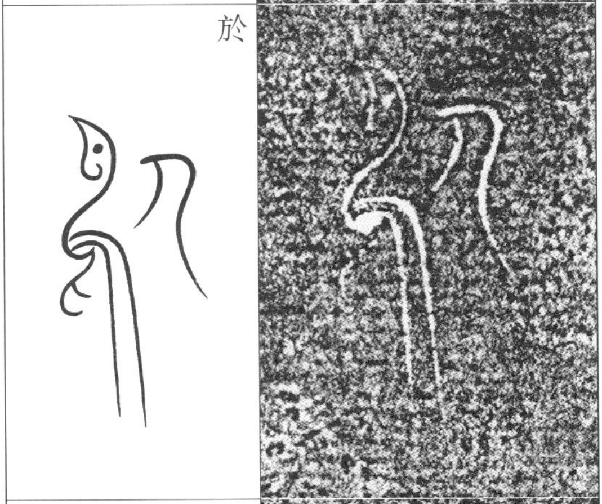

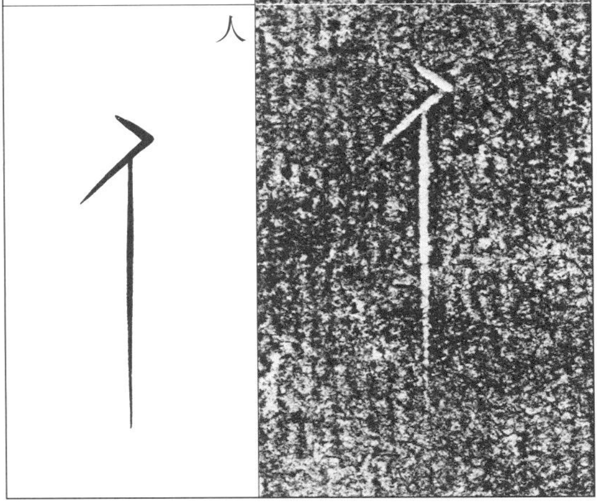

施（也），須（寡）人非

施

須

人

非

之。賈曰：爲

之

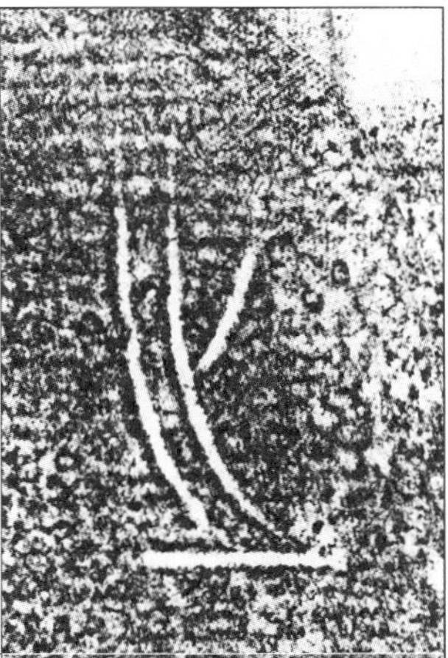

賈

曰

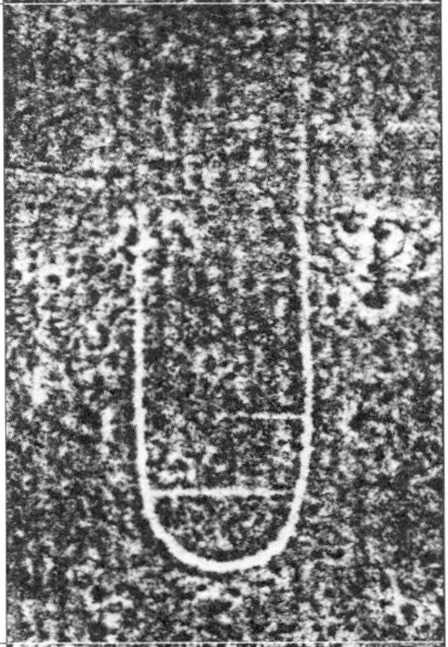

爲

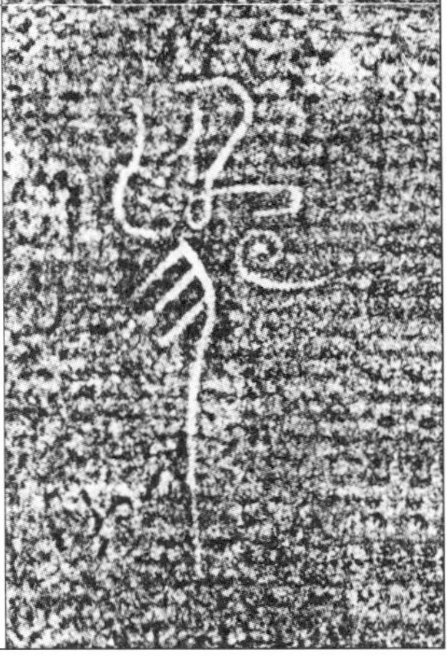

人臣而彶（反）

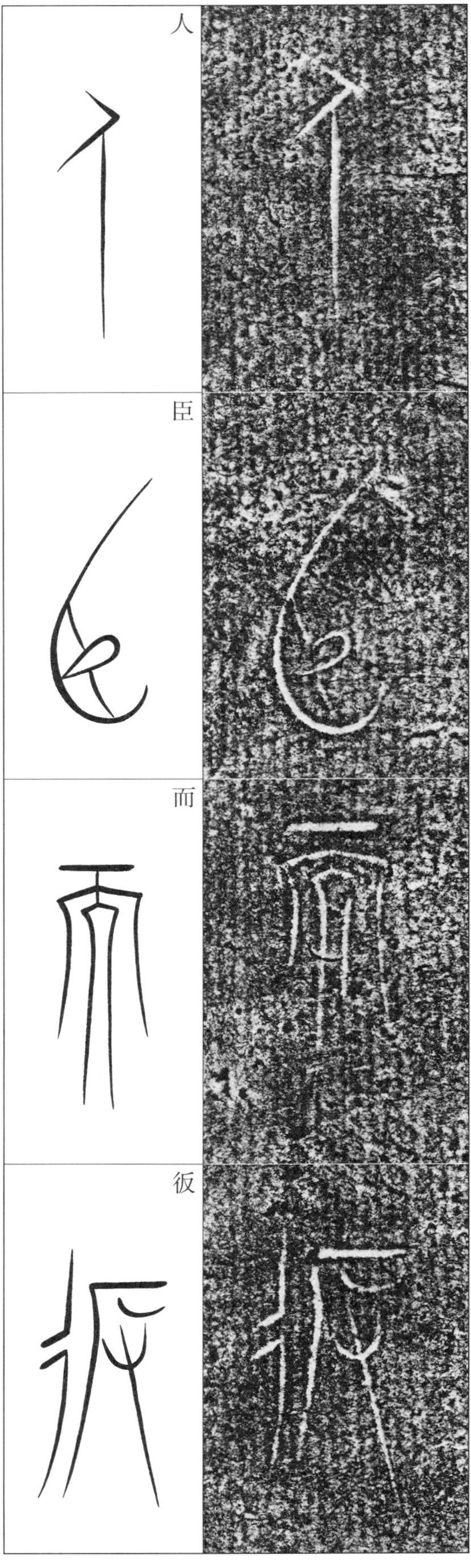

臣其宝（主），不

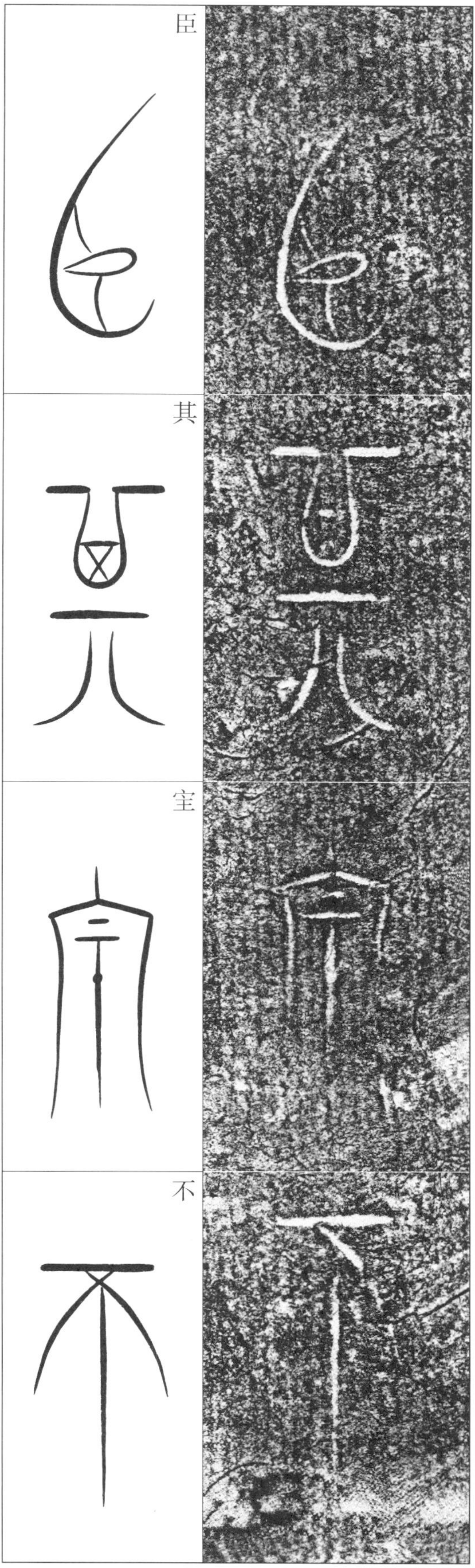

羕（祥）莫大焉。

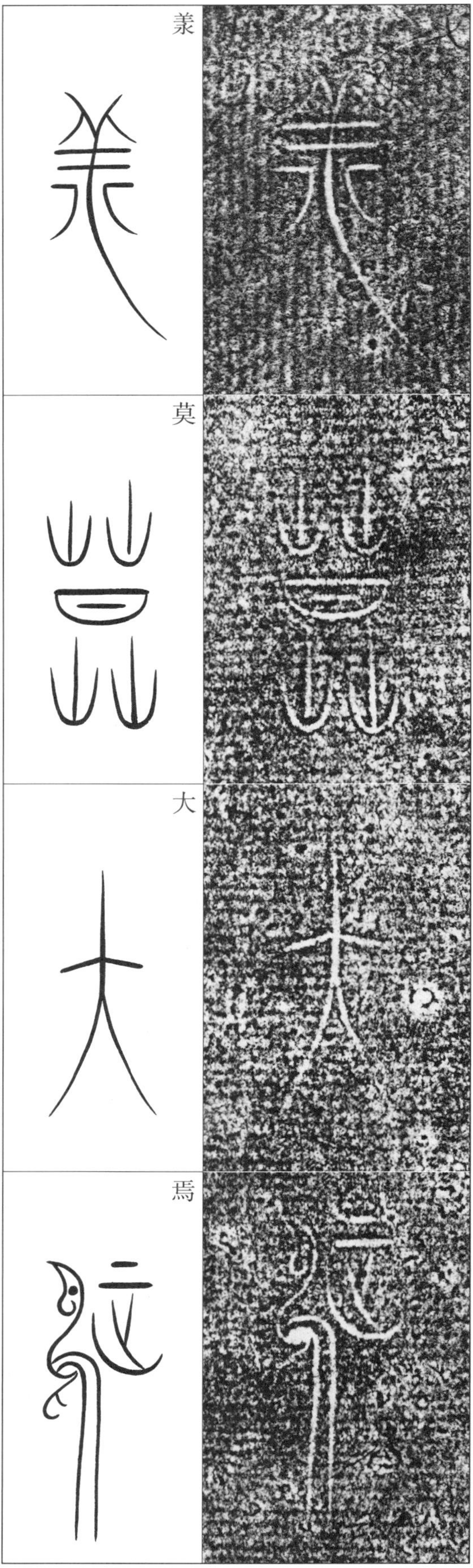

𤖯（將）與盧（吾）君

𤖯

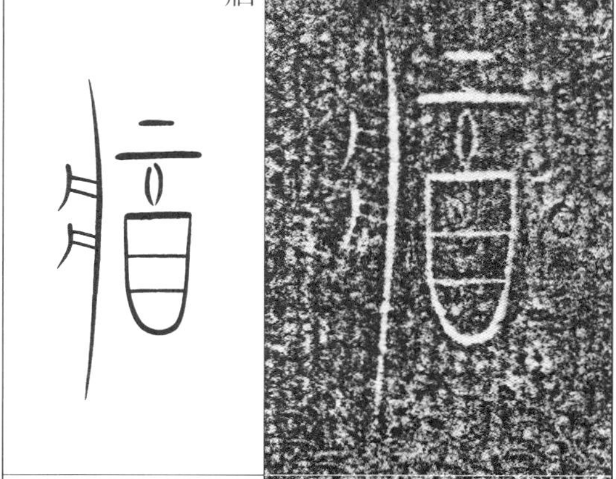

與

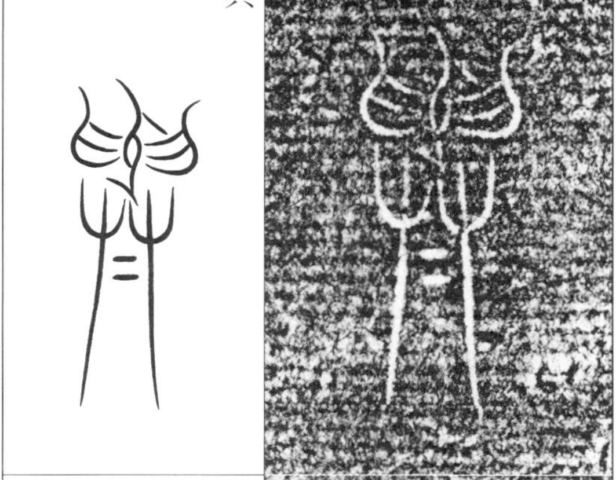

盧

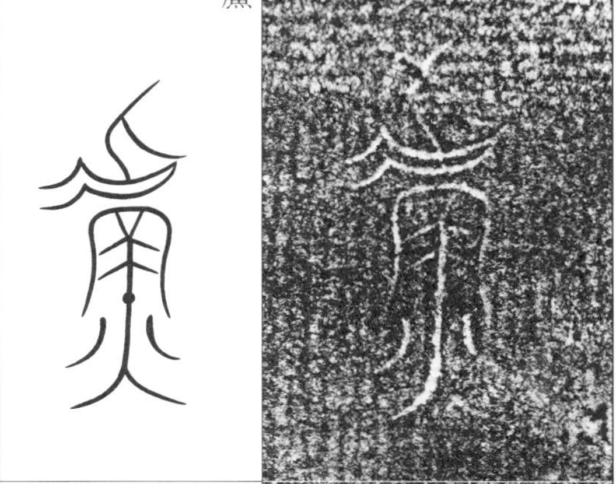

君

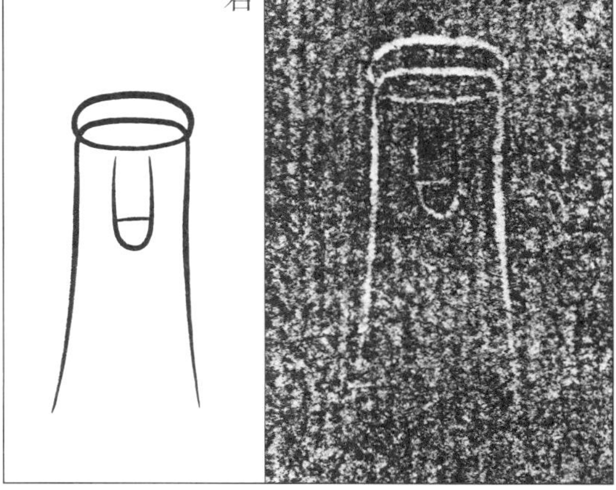

並立於丗（世），

並

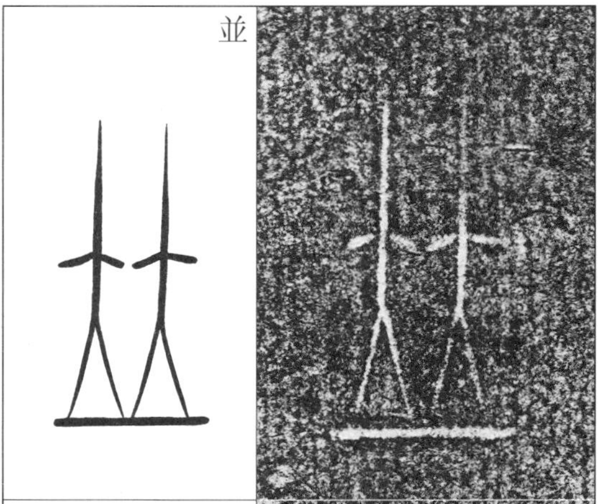

立

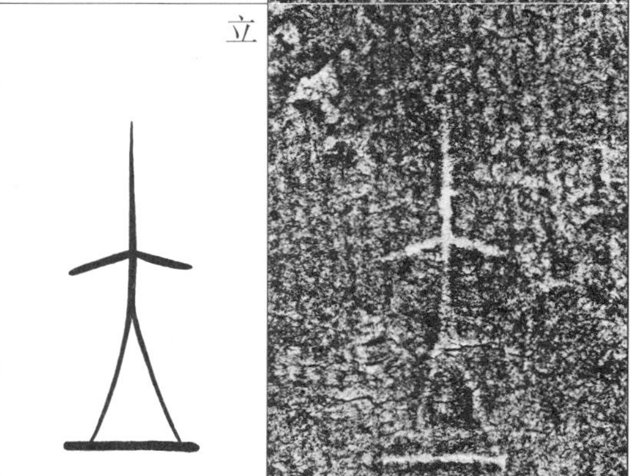

於

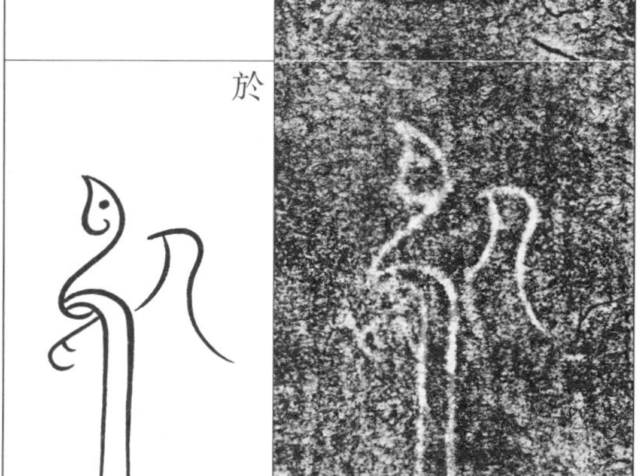

丗

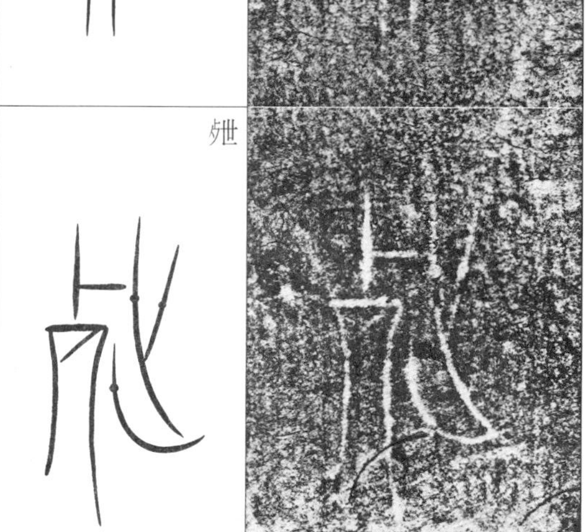

齒張（長）於遣（會）

齒

張

於

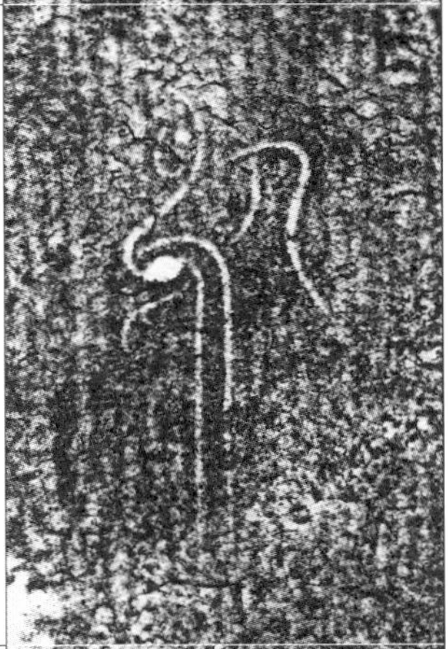

遣

同，則臣不

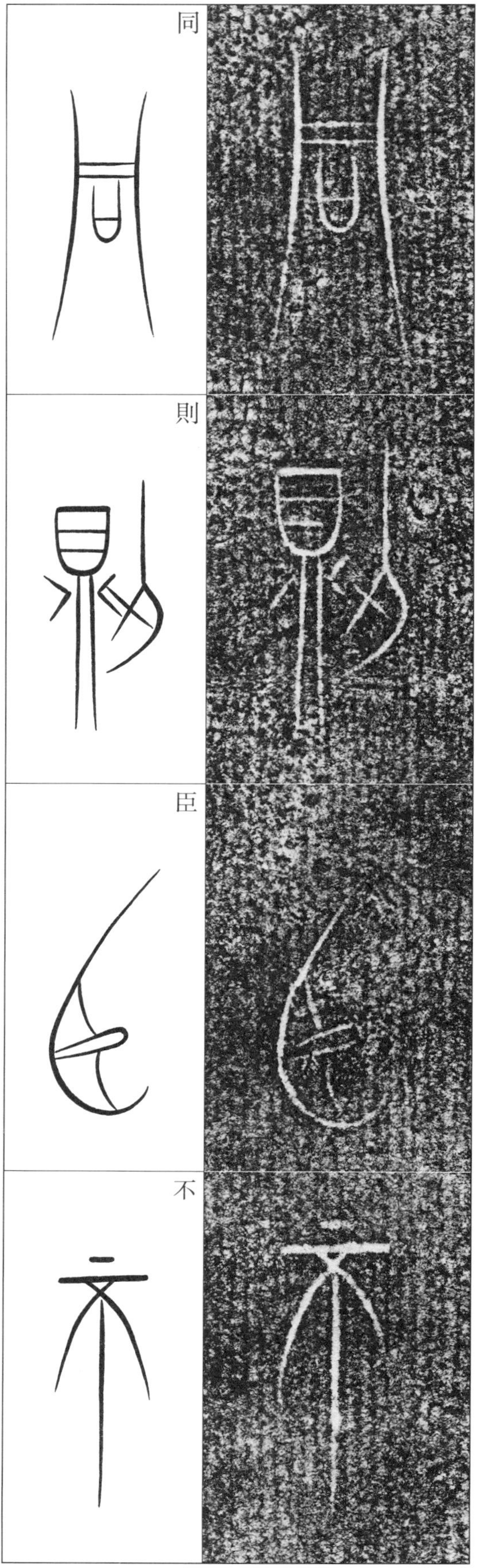

忍見施（也）。賈

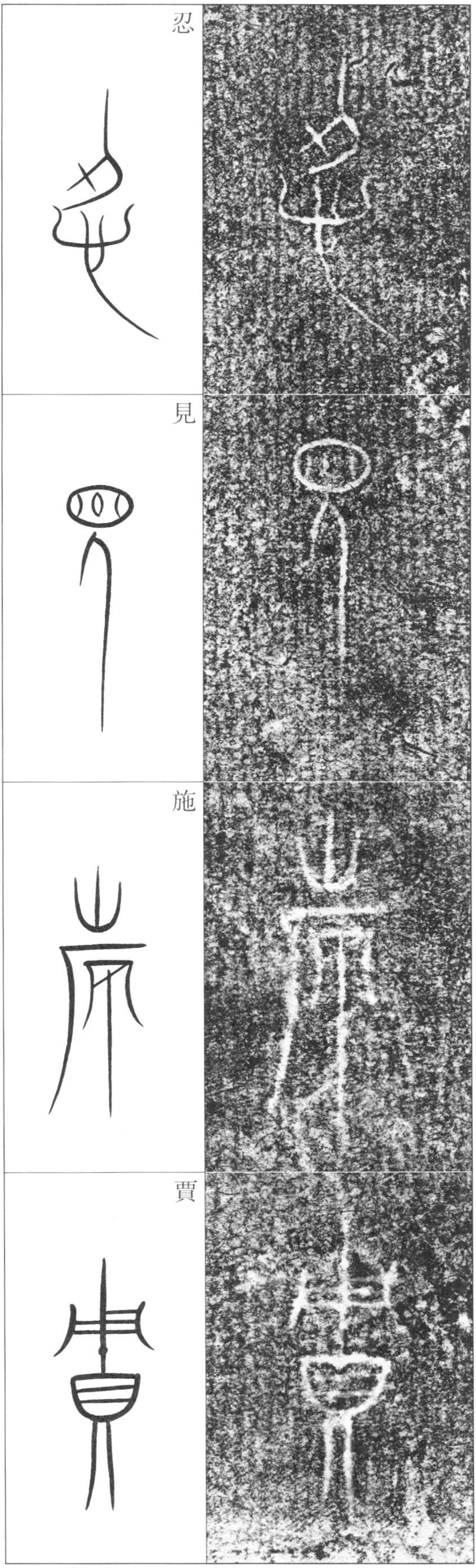

忨（願）𨑢（從）在（士）夫=（大夫），

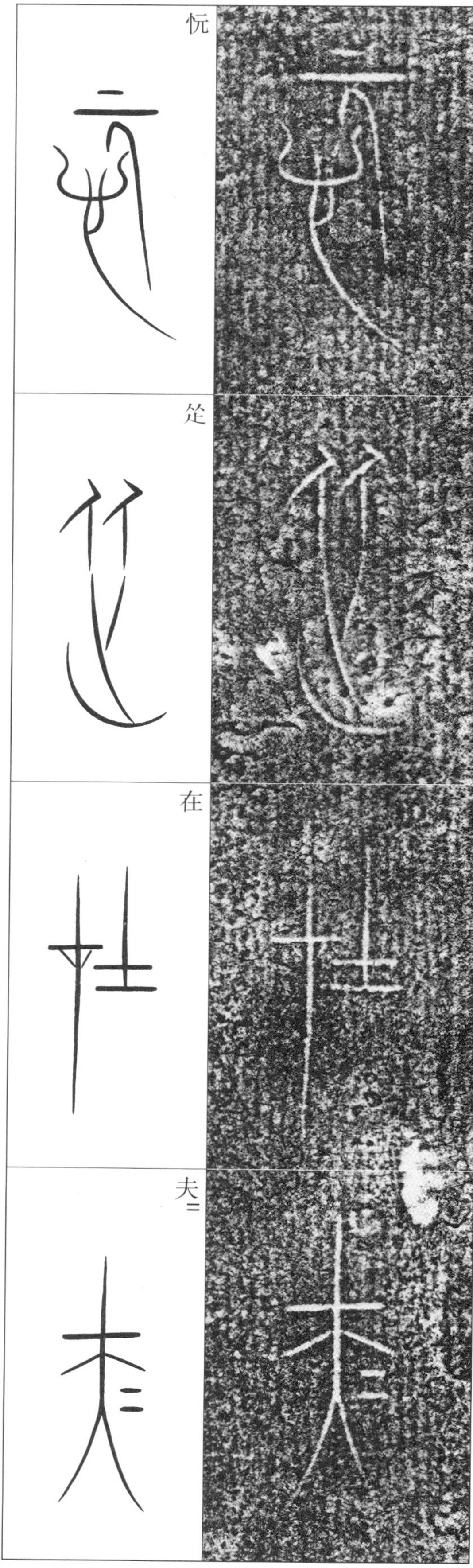

㠯（以）請郾（燕）彊（疆），

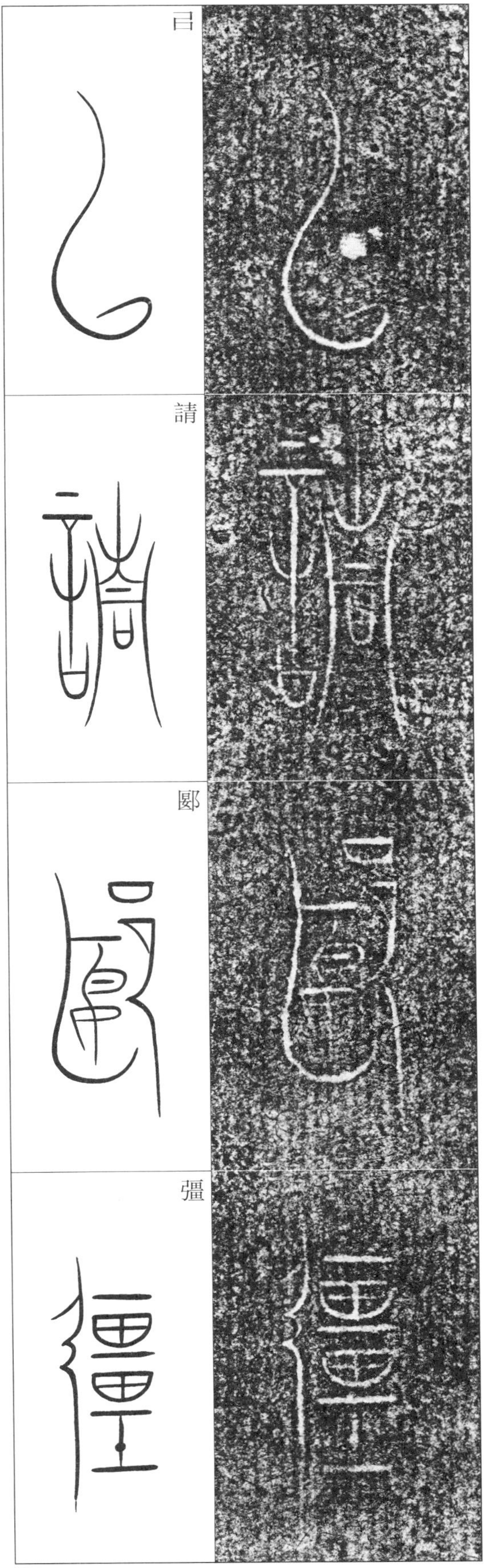

氏（是）㠯（以）身蒙

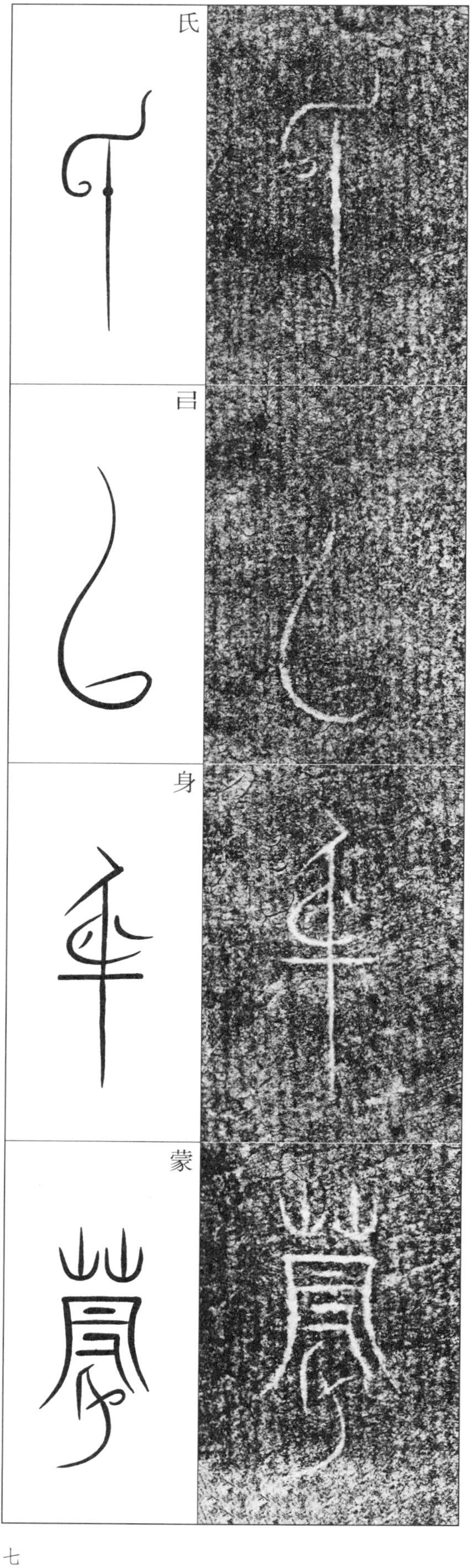

㚔（甲）胄，㠯（以）𢧵（誅）

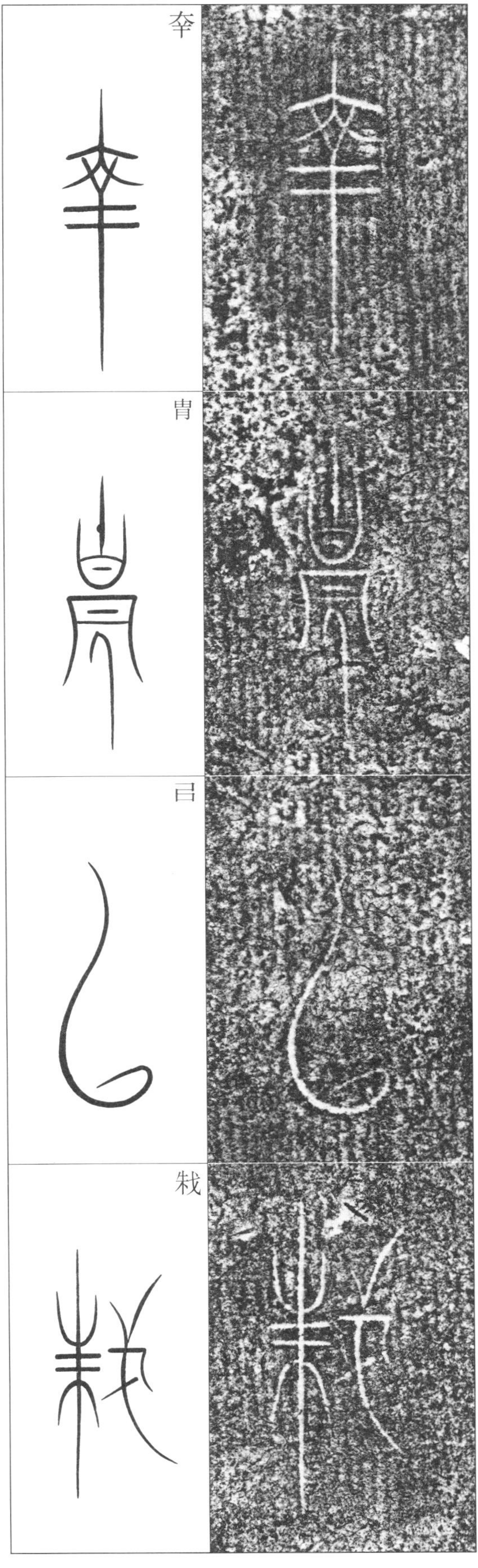

不⿱巛心（順）。郾（燕）⿱屮⿸厂古（故）

不

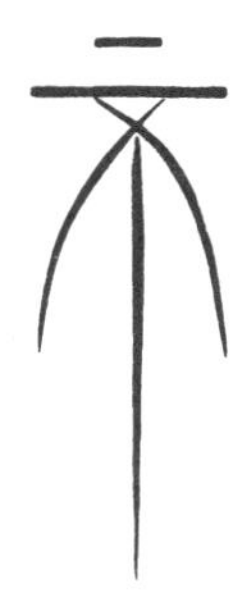

⿱巛心

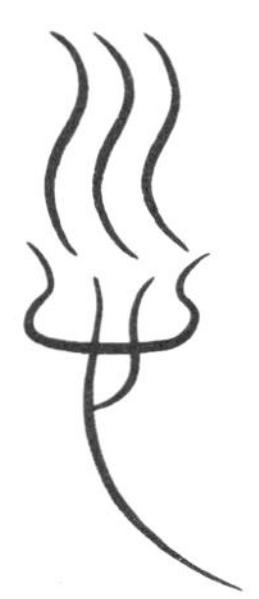

郾

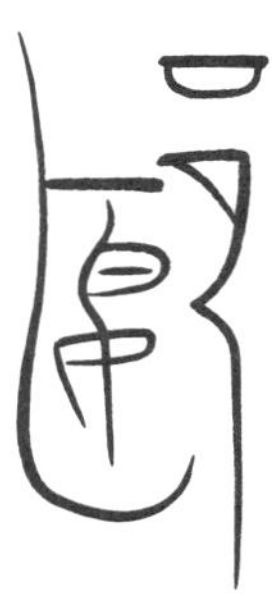

⿱屮⿸厂古

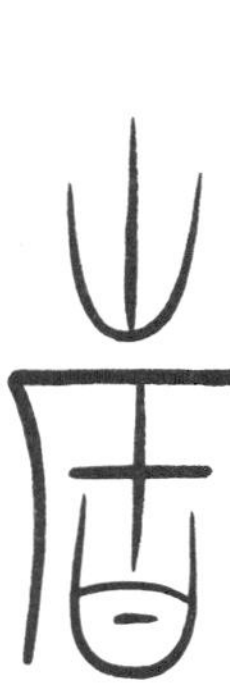

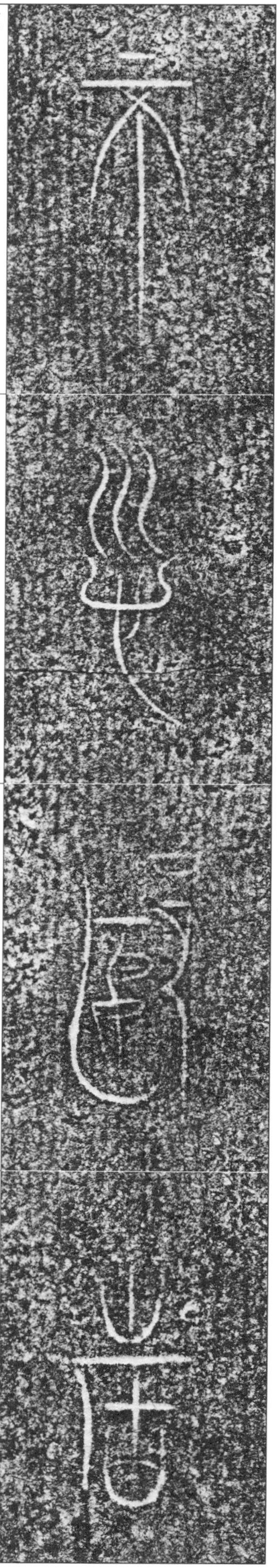

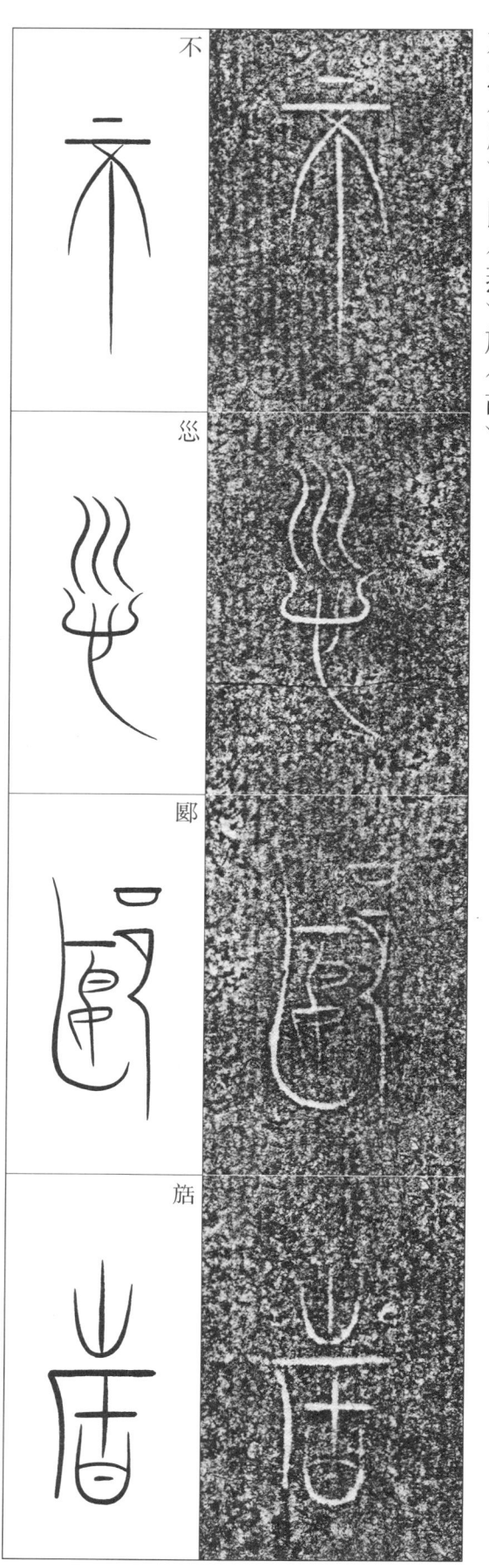

君子儈（噲），新

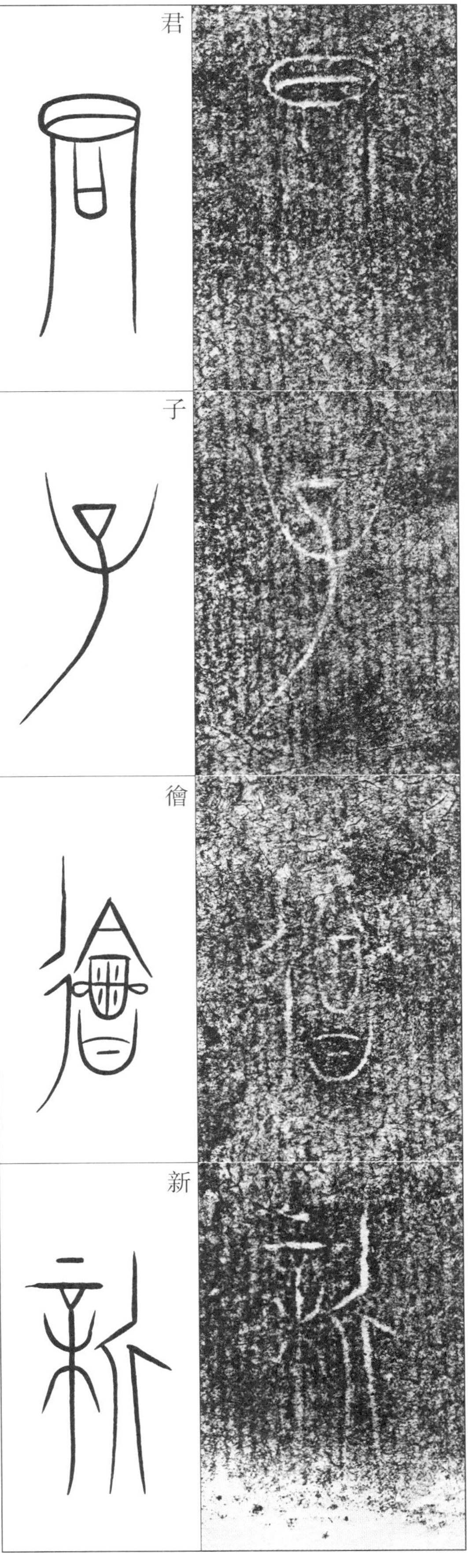

君子之，不

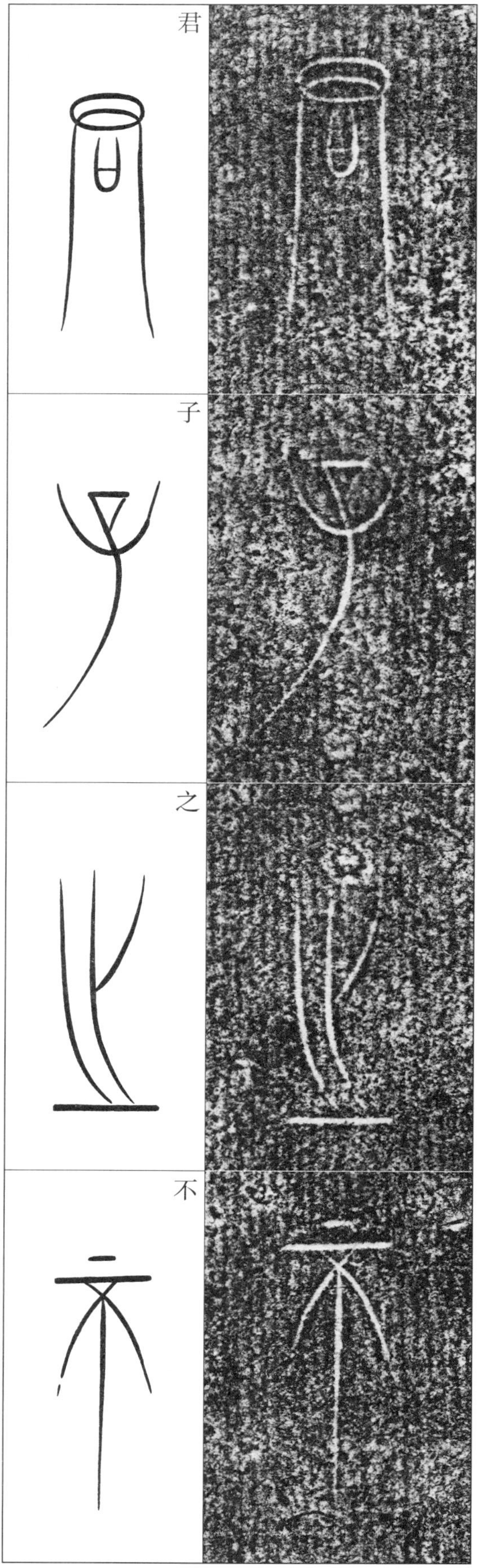

用豊（禮）宜（義），不

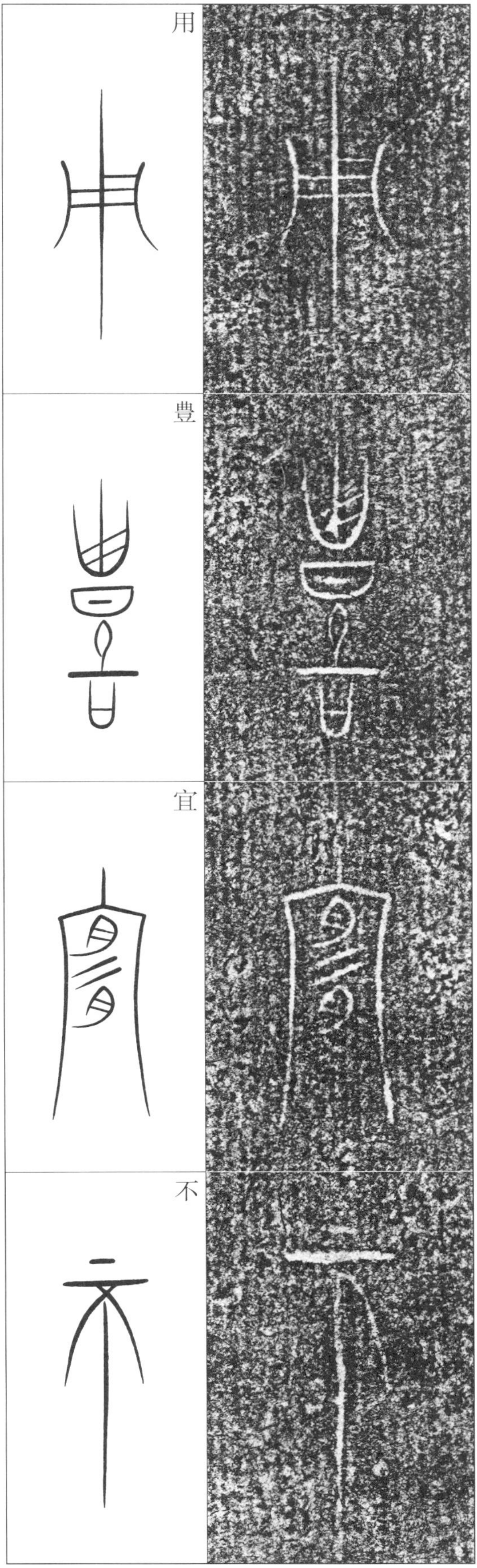

⿰鳥頁（顧）逆⿱巛⿺辶巛（順），⿸疒古（故）

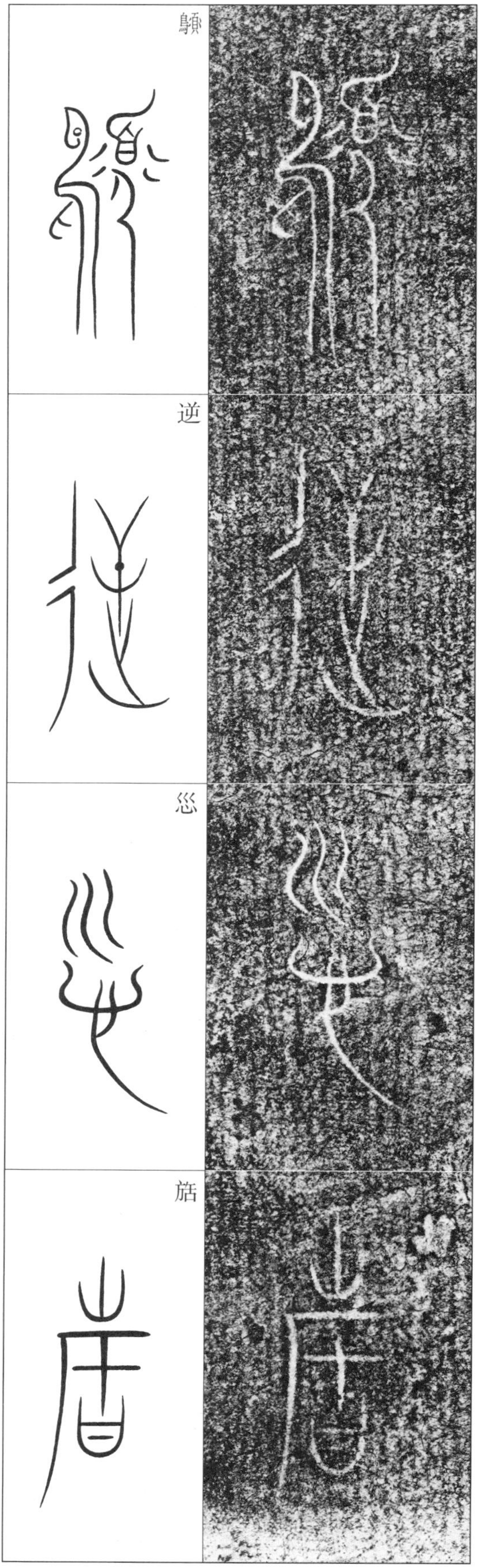

邦𨑒（亡）身死，

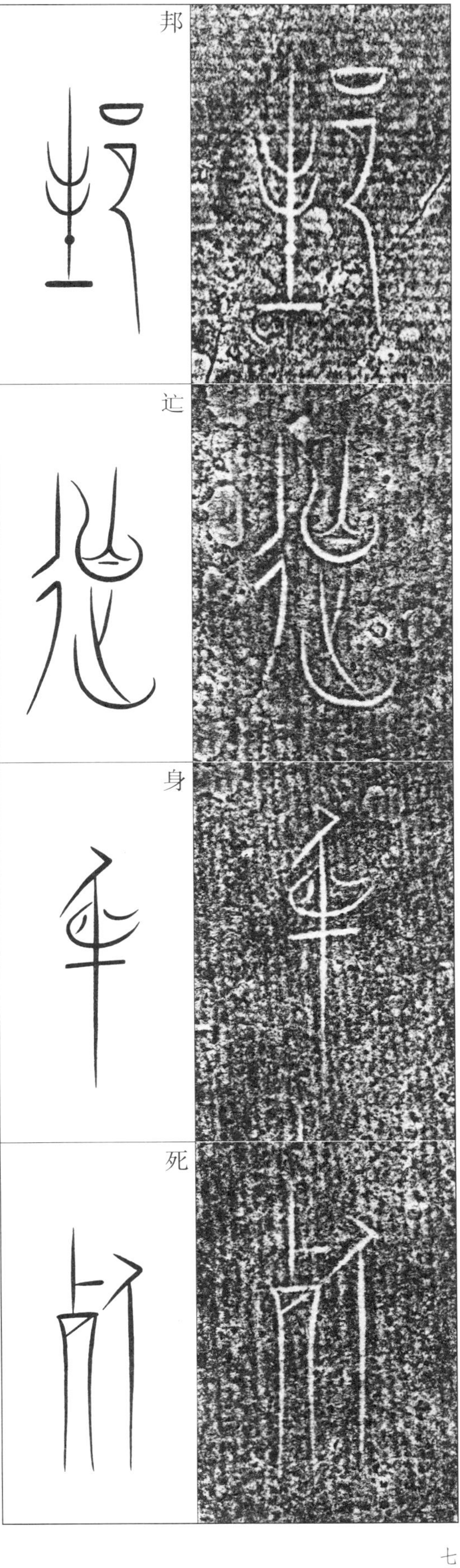

曾亡（無）鼠（一）夫

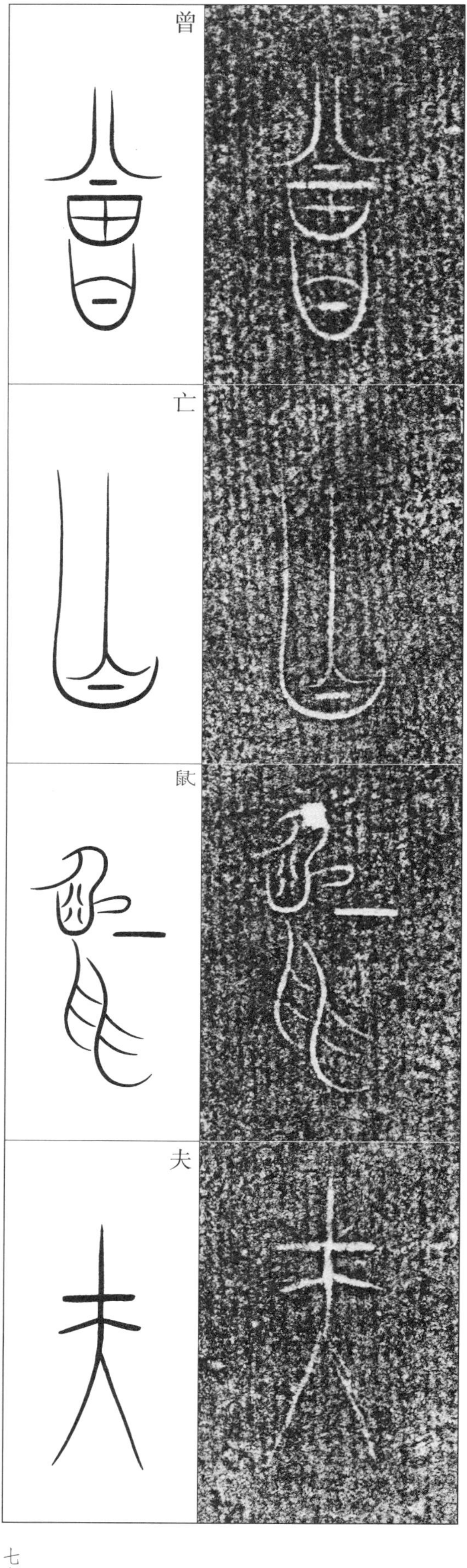

之捄（救）。述（遂）定

君臣之谓（位）、

君

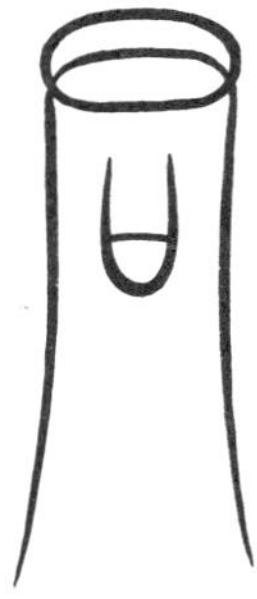

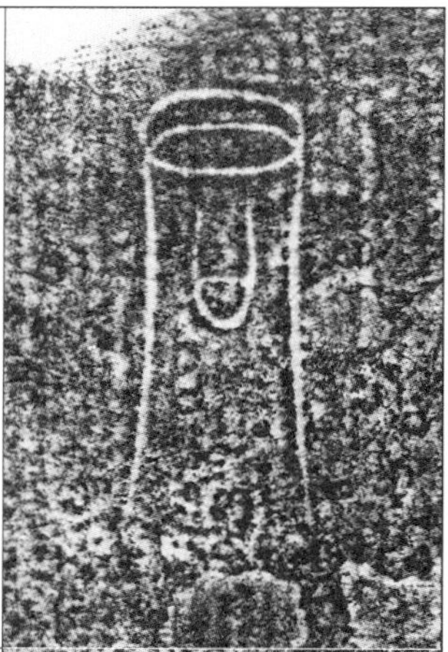

臣

之

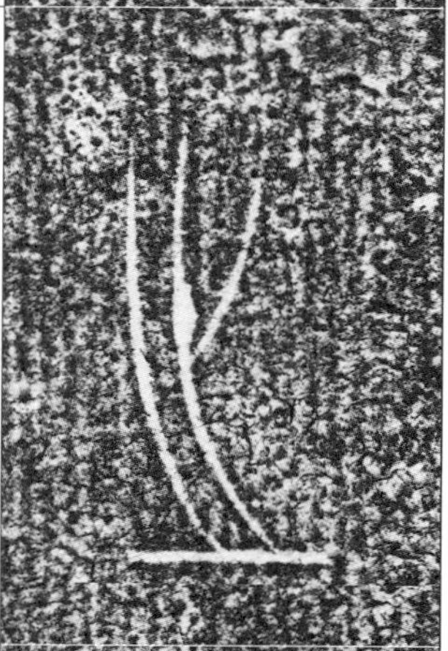

谓

上下之體（體）。

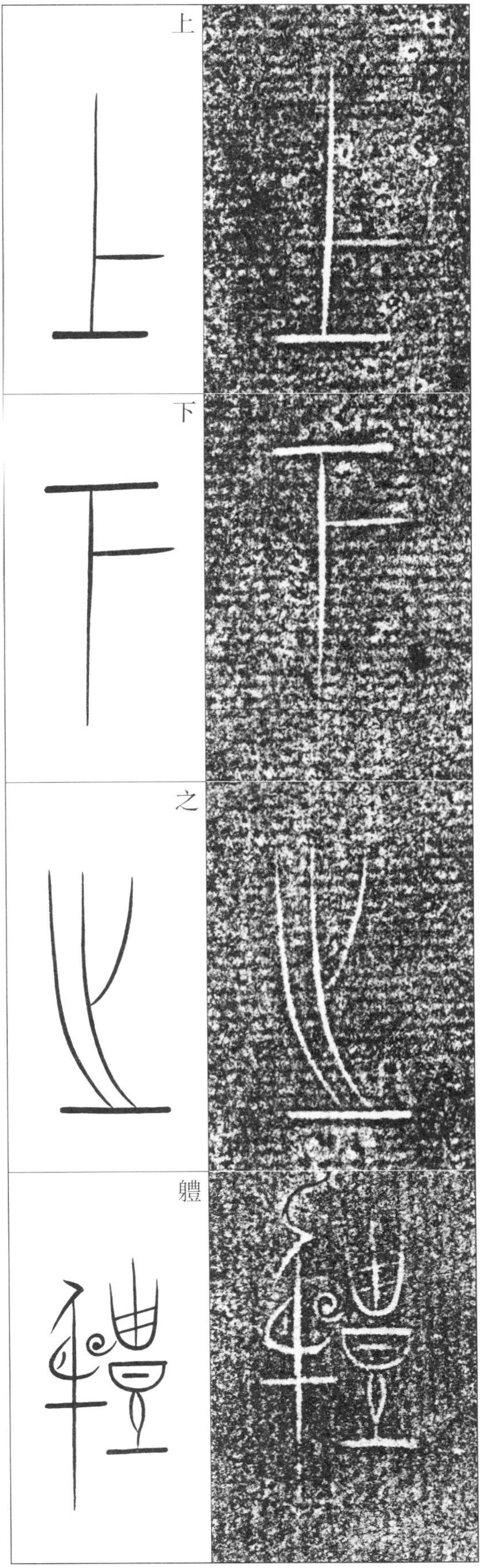

休又（有）成工（功），

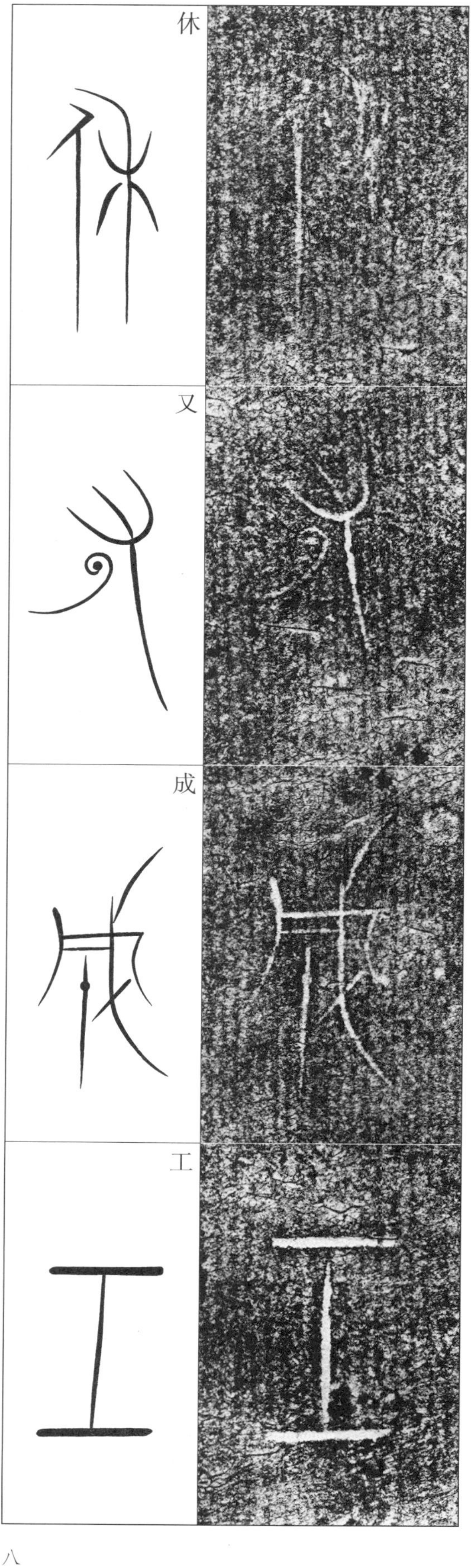

刅（創）闢⿱封田（封）彊（疆）。

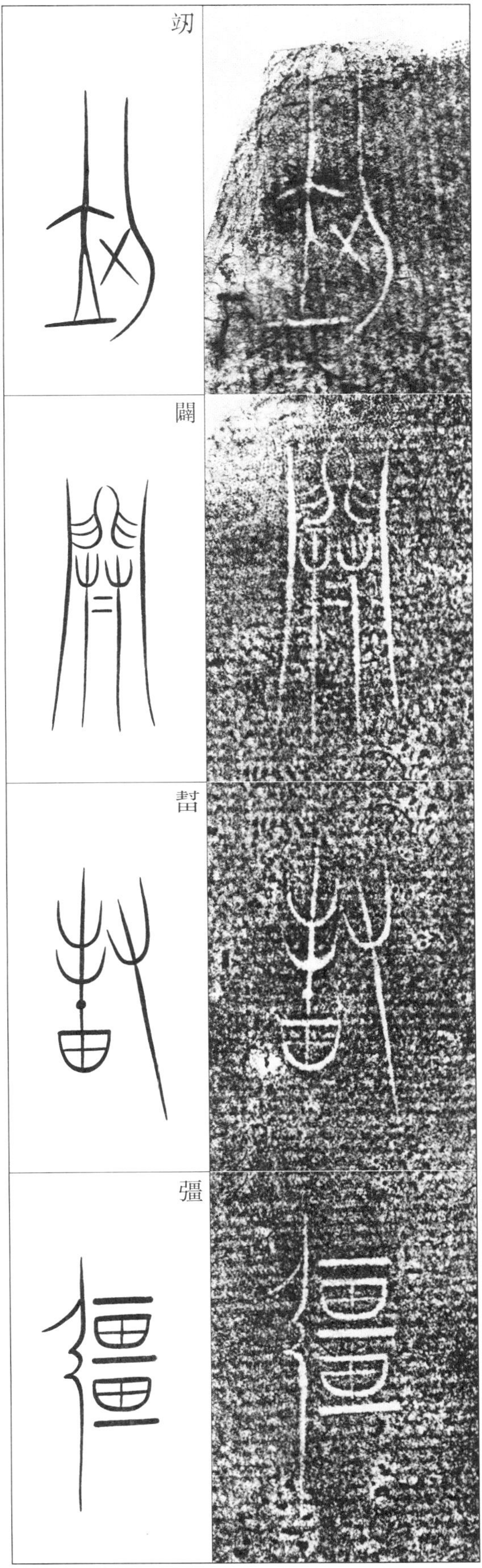

天子不忘

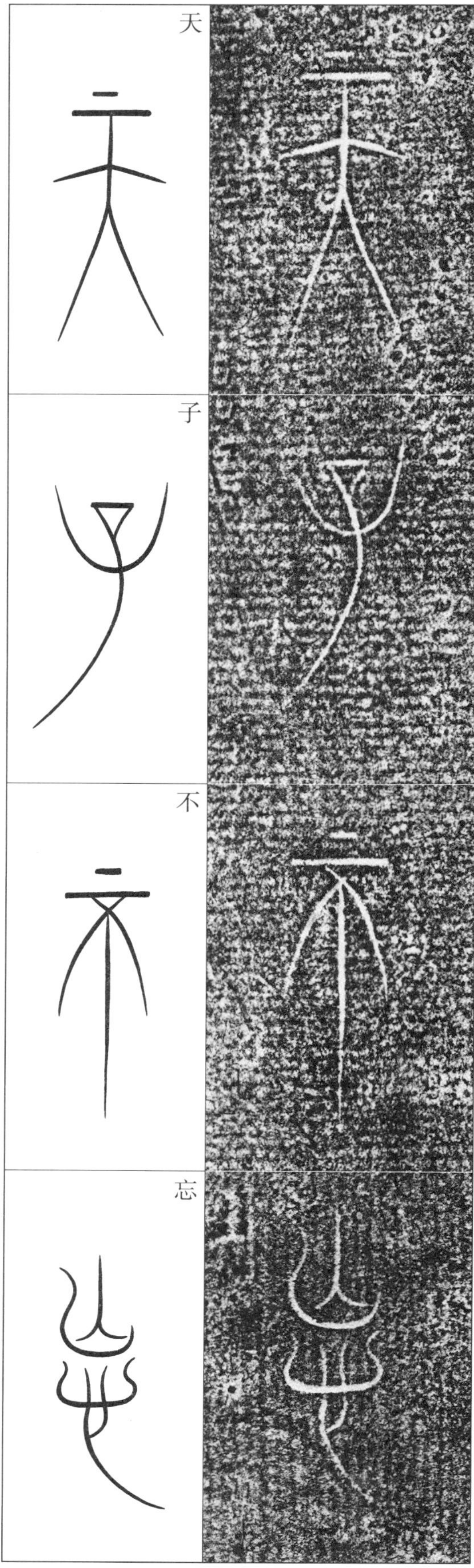

其又（有）勛，逨（使）

其

又

勛

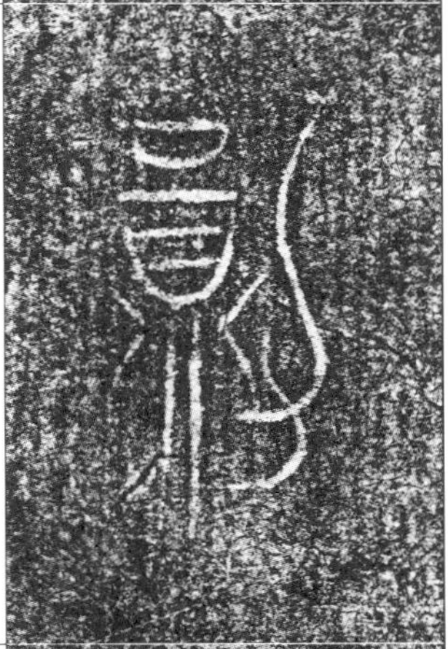

逨

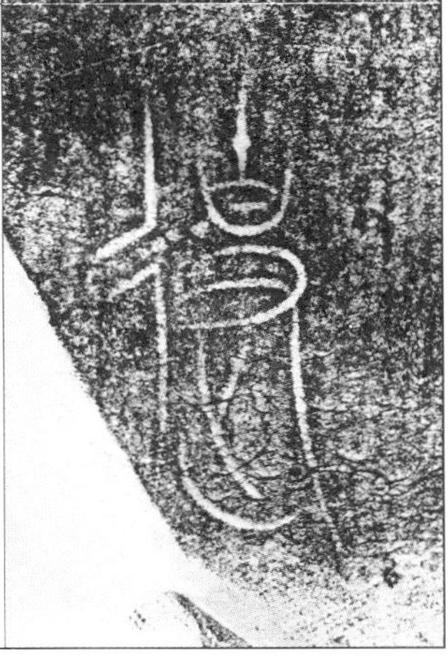

其老筋（策）賞

其

老

筋

賞

中（仲）父，者（諸）侯

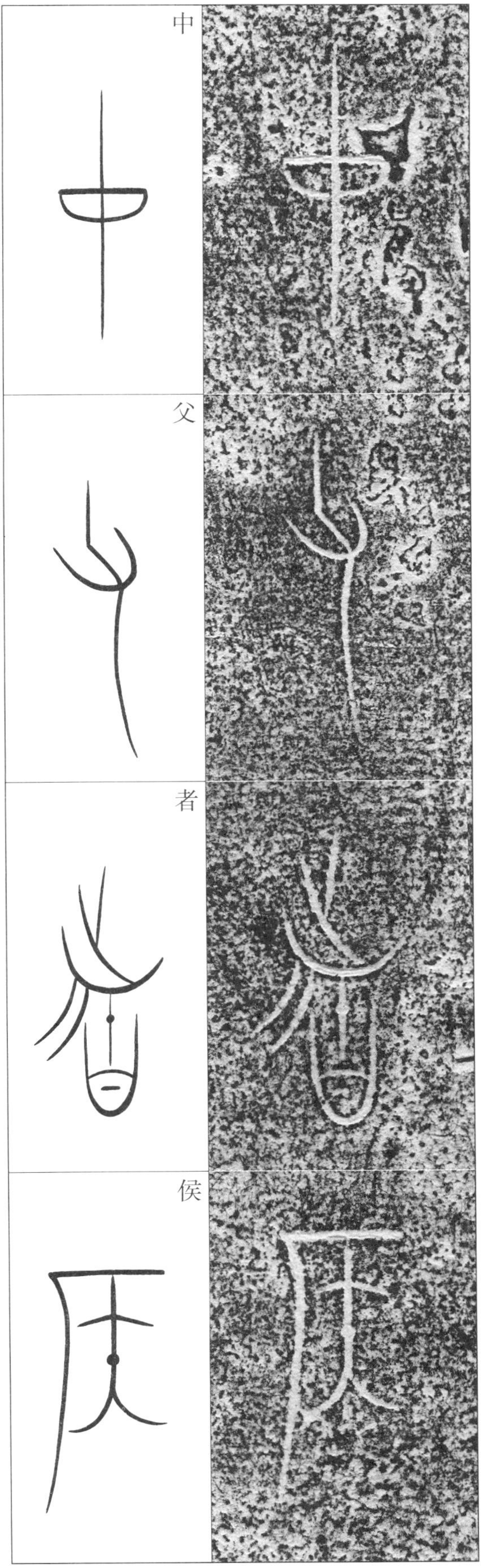

虘（皆）賀。夫古

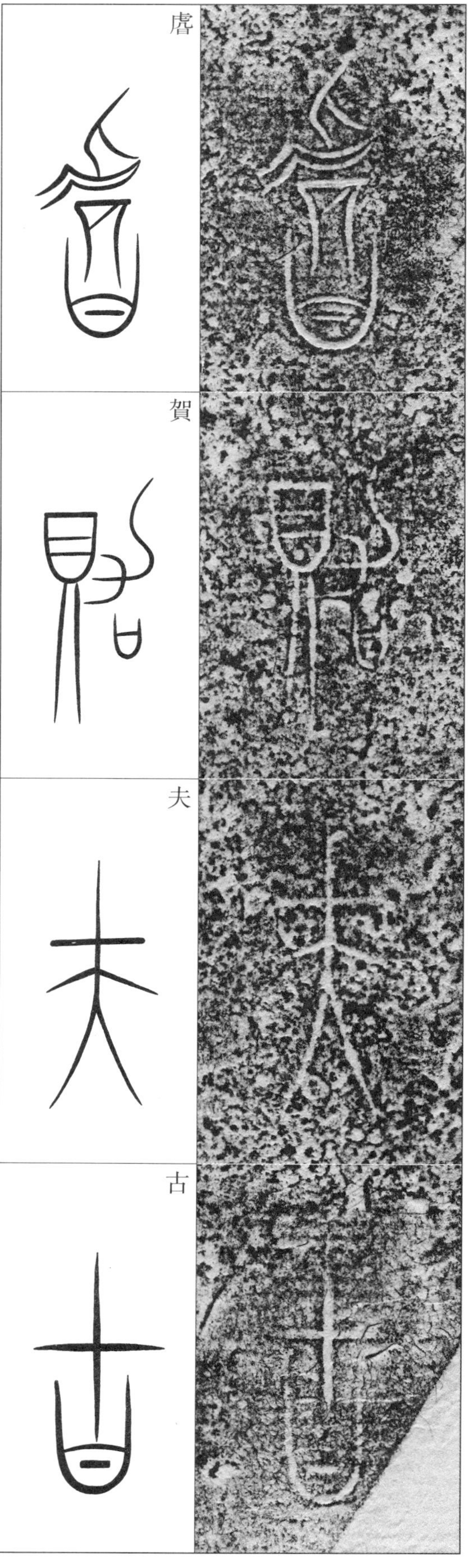

之聖王敄（務）

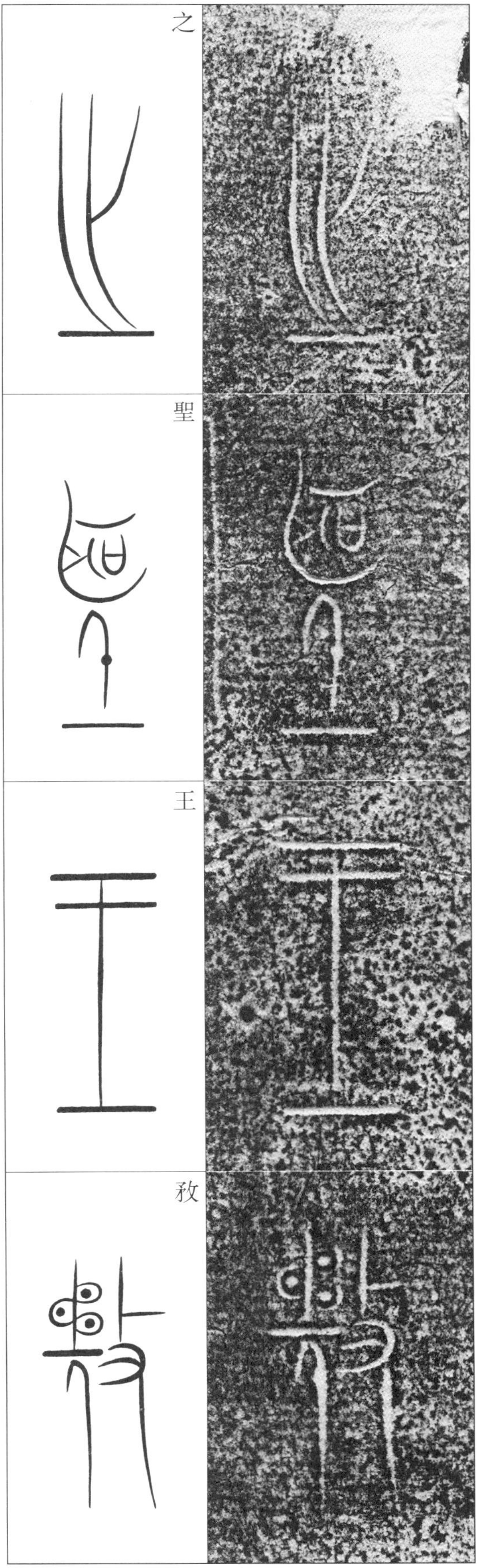

才（在）旻（得）臤（賢），其

才

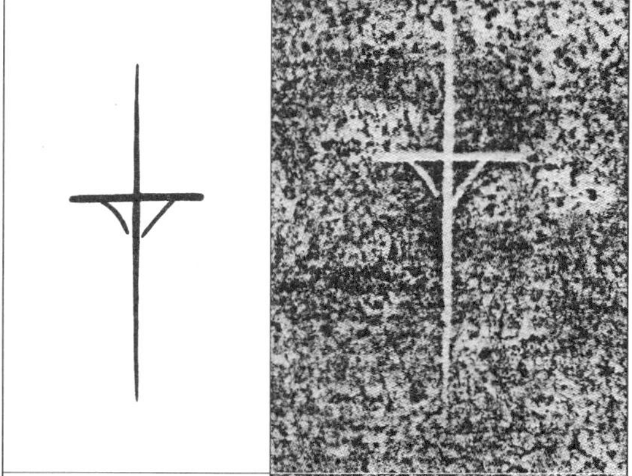

旻

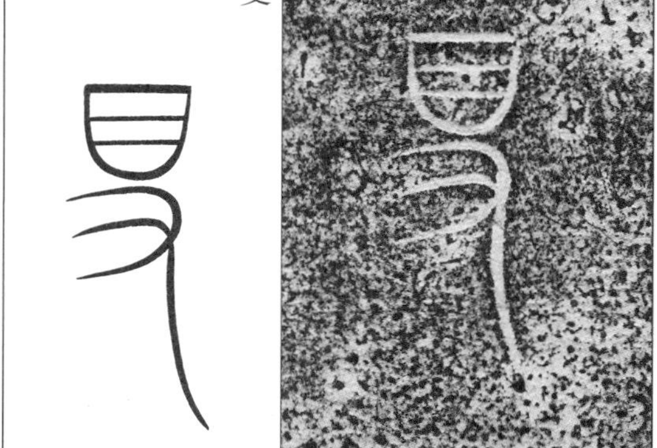

臤

其

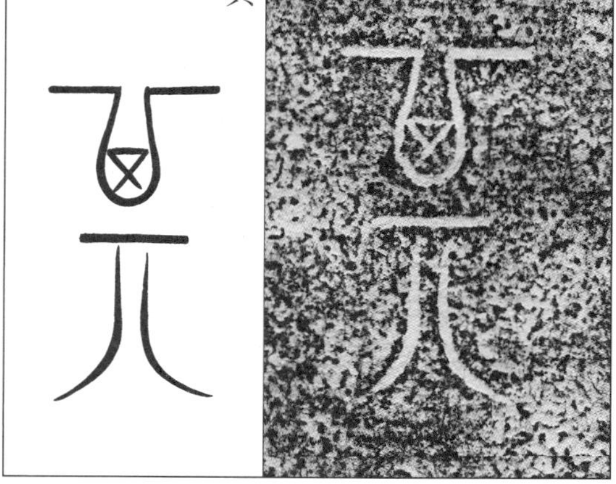

即（次）㝵（得）民。䇦（故）

即

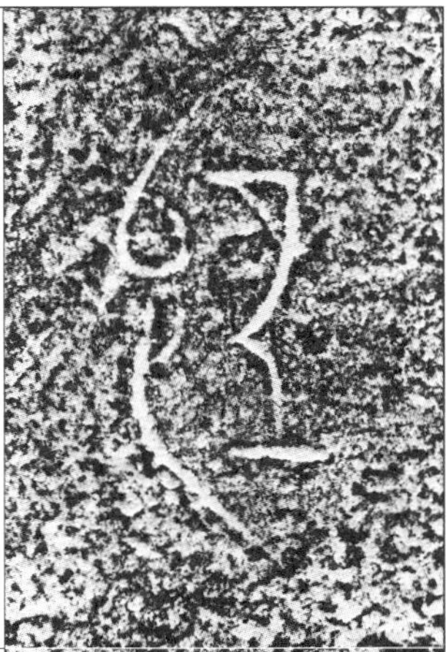

㝵

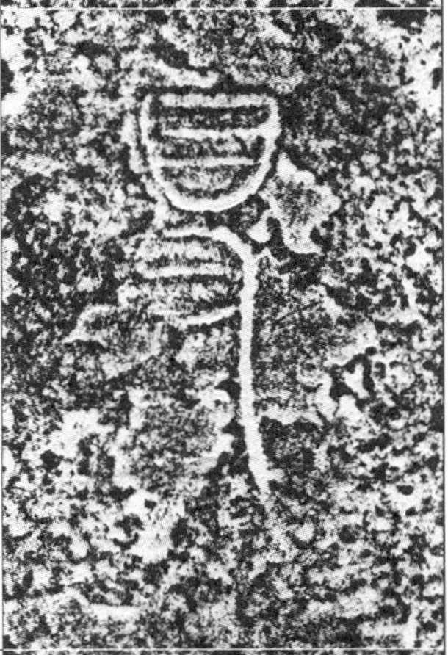

民

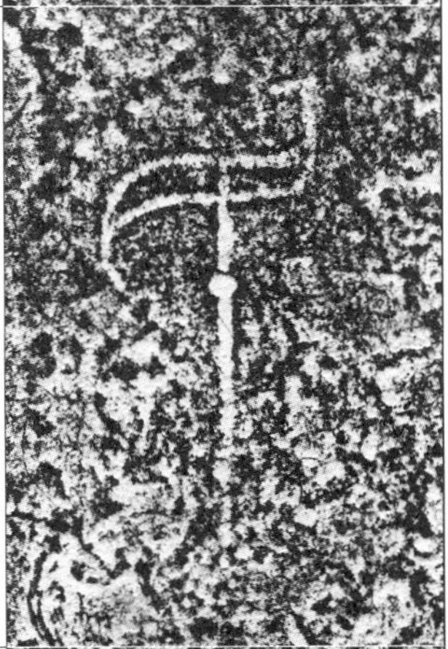

䇦

辞（辭）豊（禮）敬則

辞

豊

敬

則

孯（賢）人至，⿸厂更（陟）

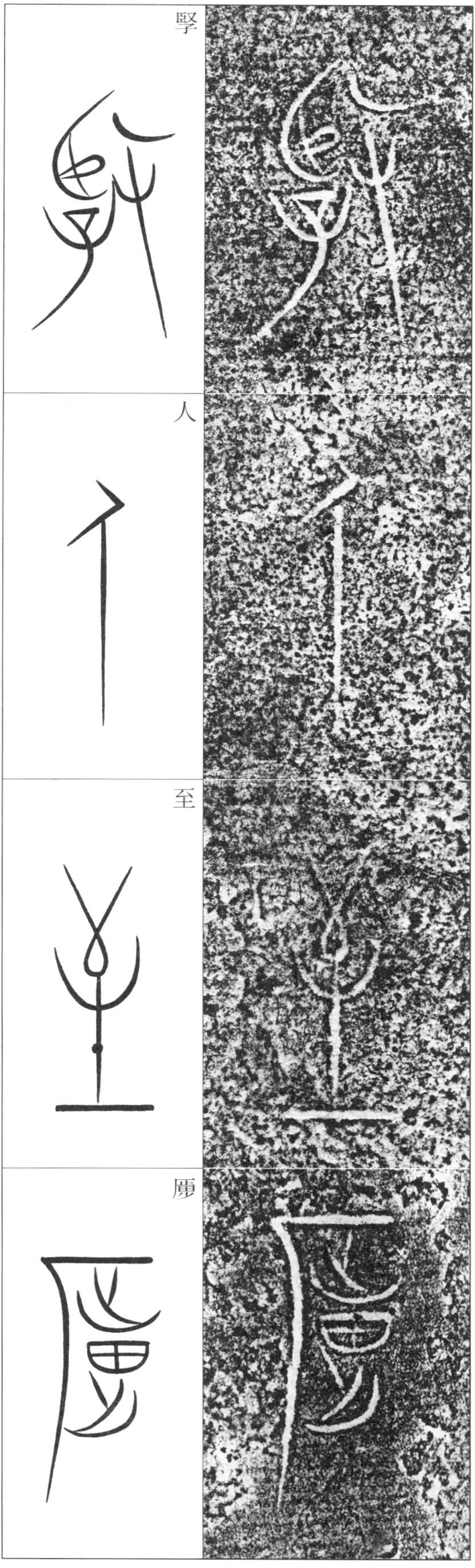

㤅（愛）深則孯（賢）

㤅

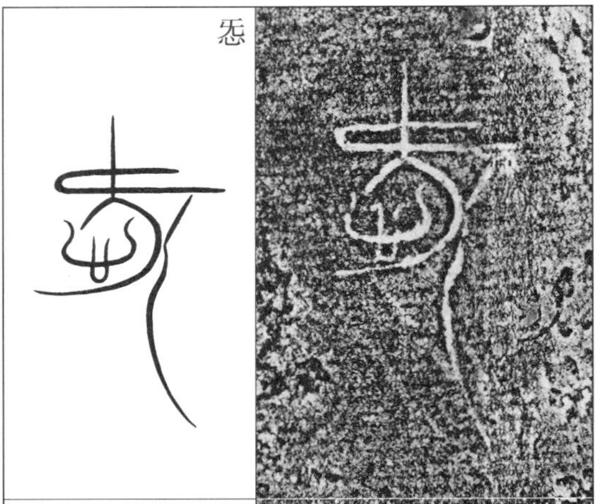

深

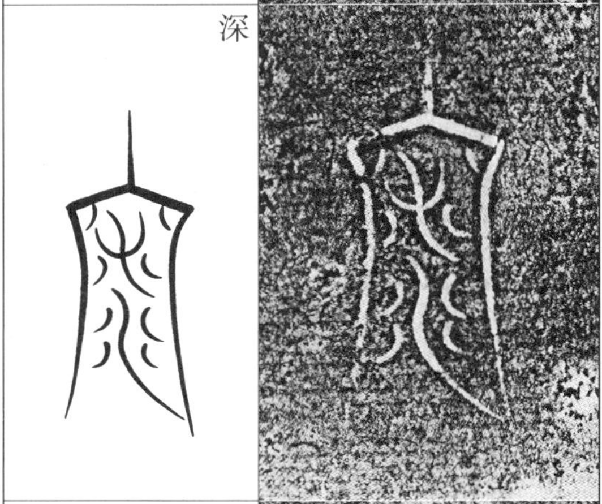

則

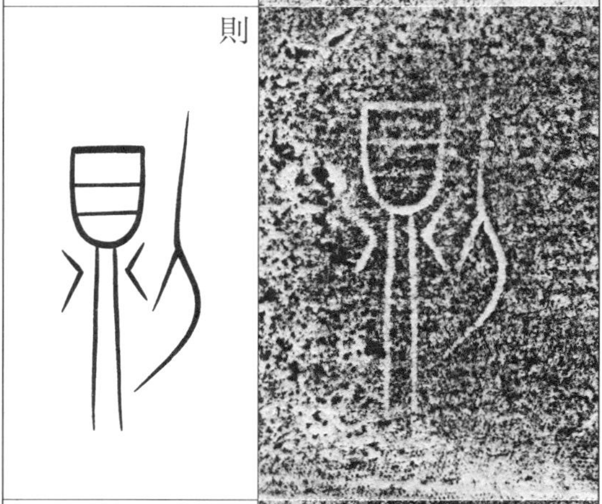

孯

人新（親），乍（乍）歛（斂）

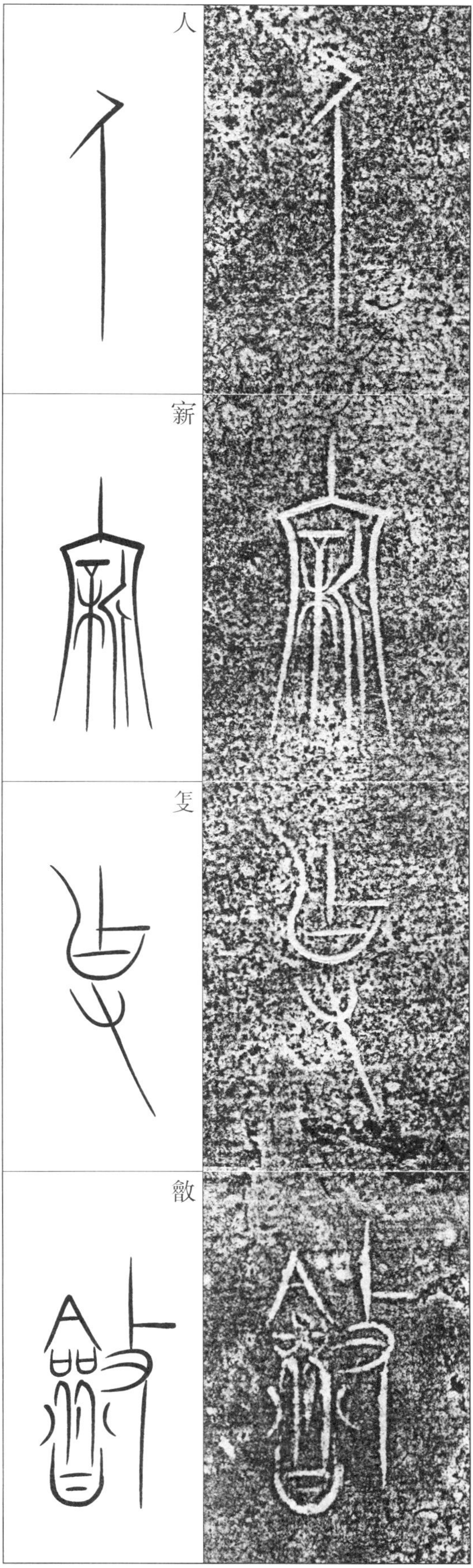

中則庶民

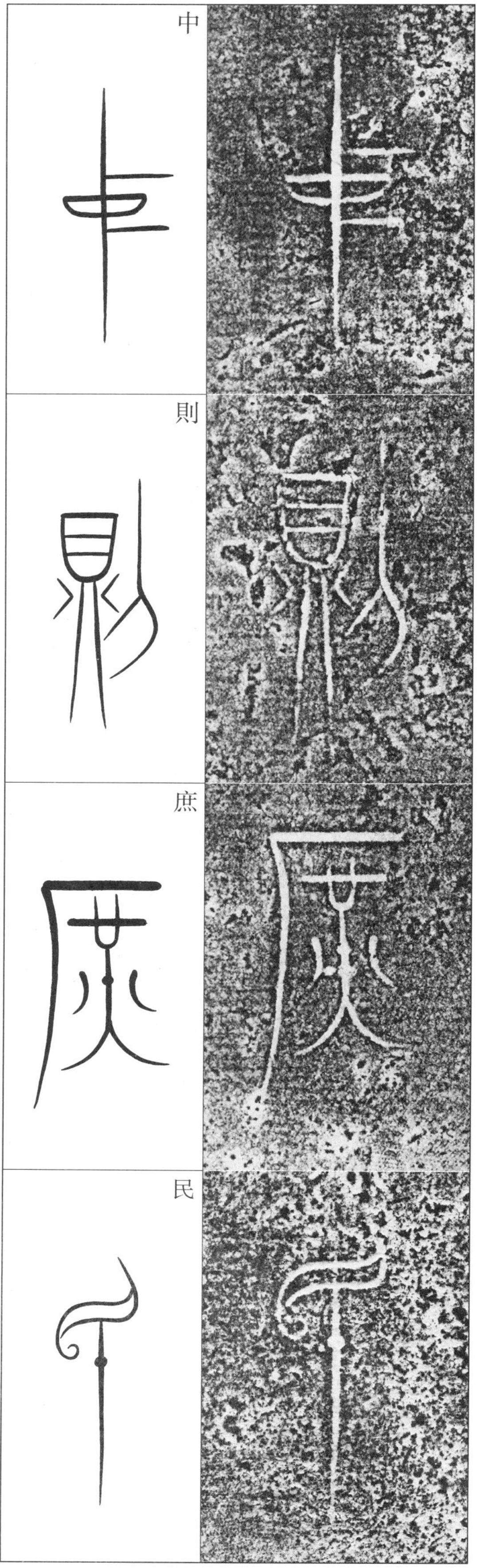

⿱付𠂤（附）。於（嗚）虖（呼）！允

⿱付𠂤

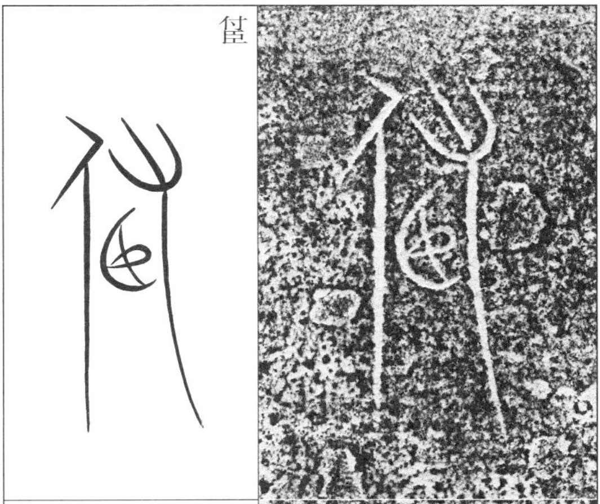

於

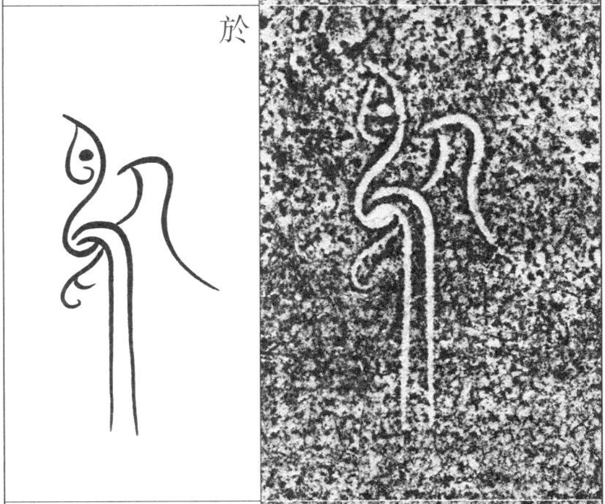

虖

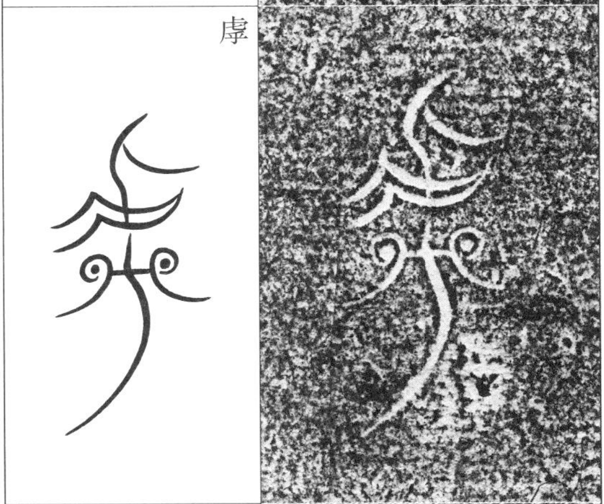

允

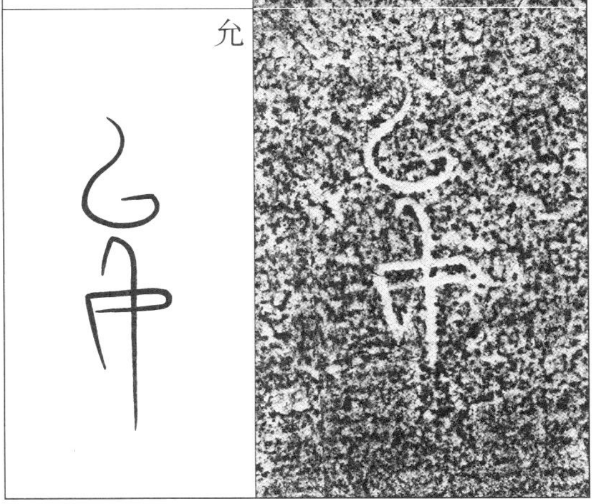

𢦏（哉）若言，明

𢦏

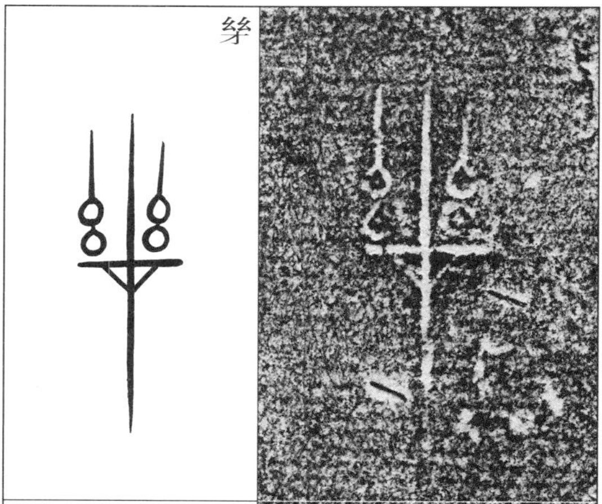

若

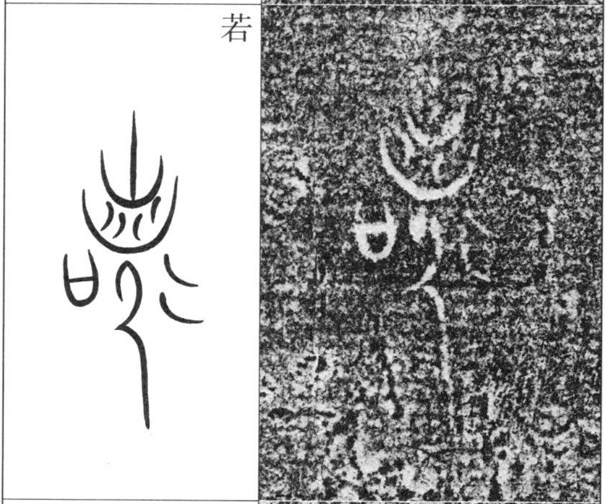

言

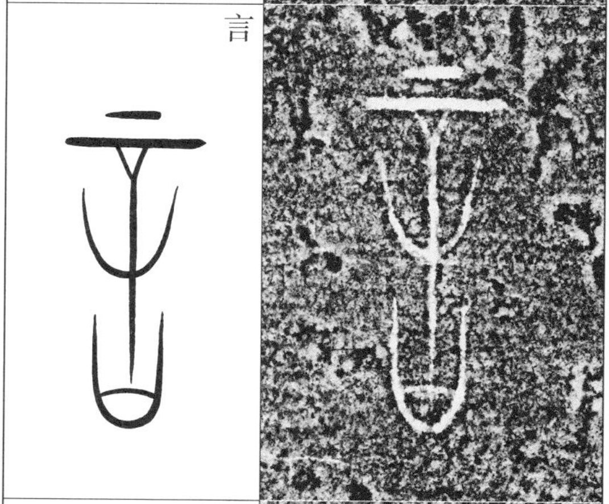

明

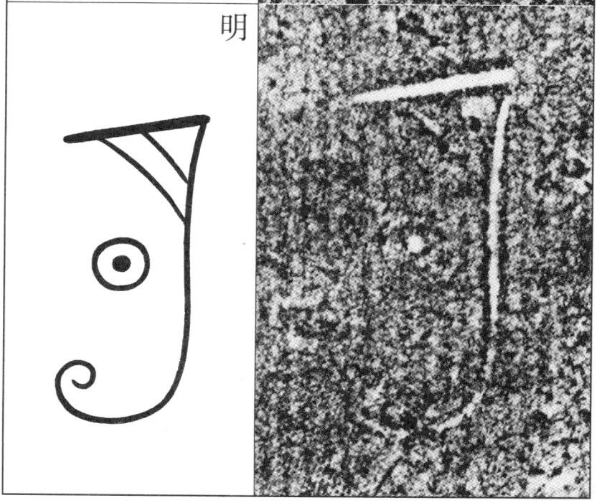

友之于壶，

友

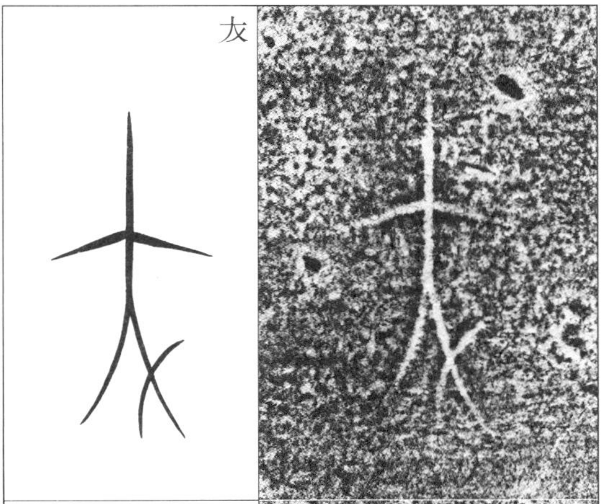

之

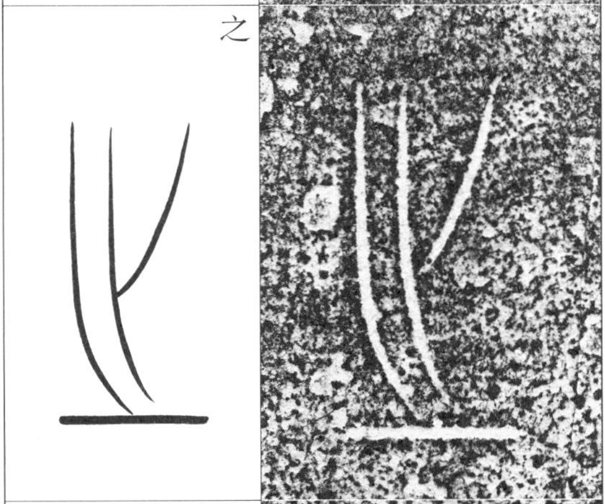

于

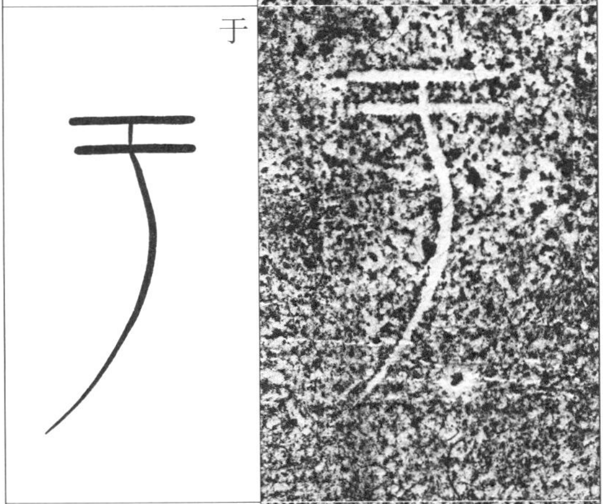

壶

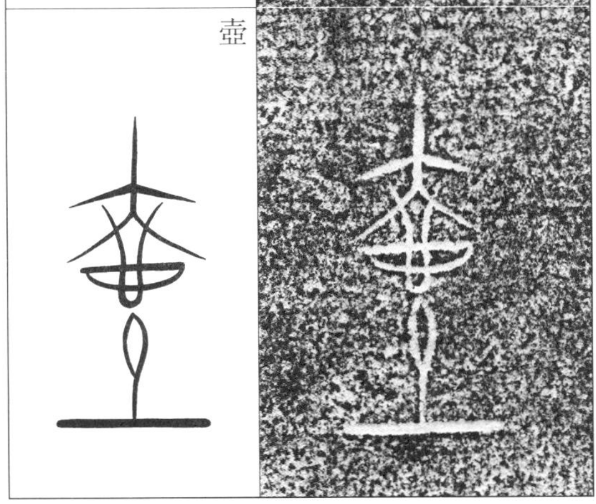

而旹（時）觀焉。

而

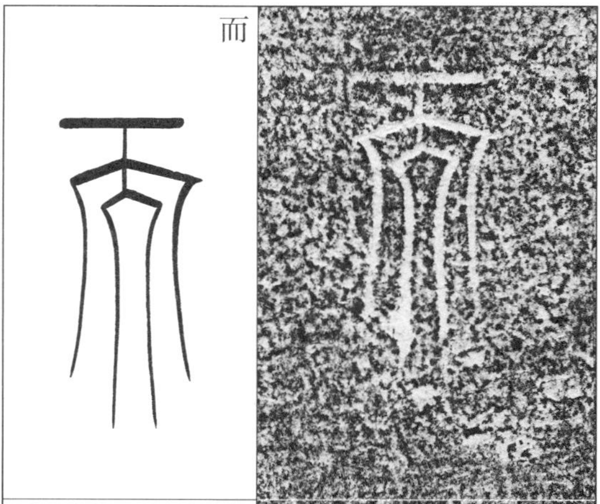

旹

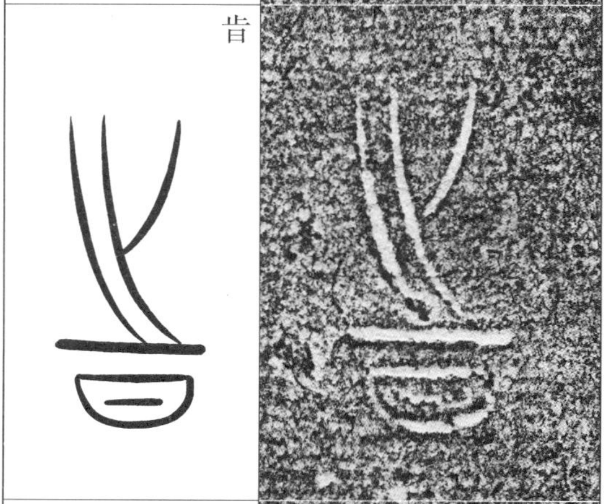

觀

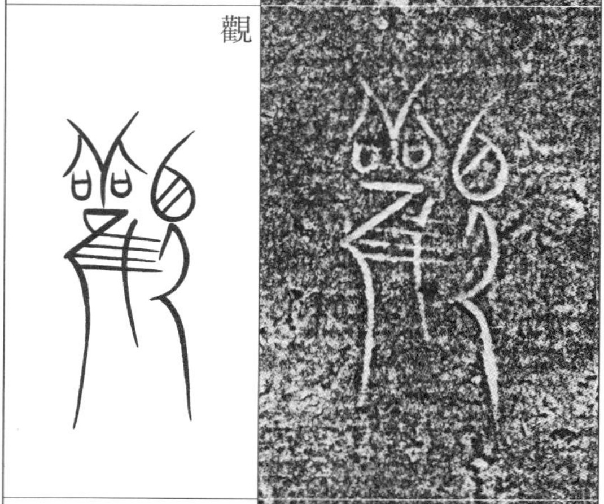

焉

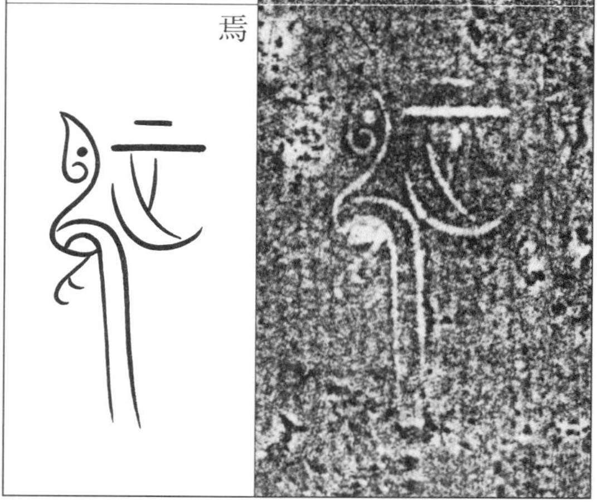

祇祇翼，卲（昭）告

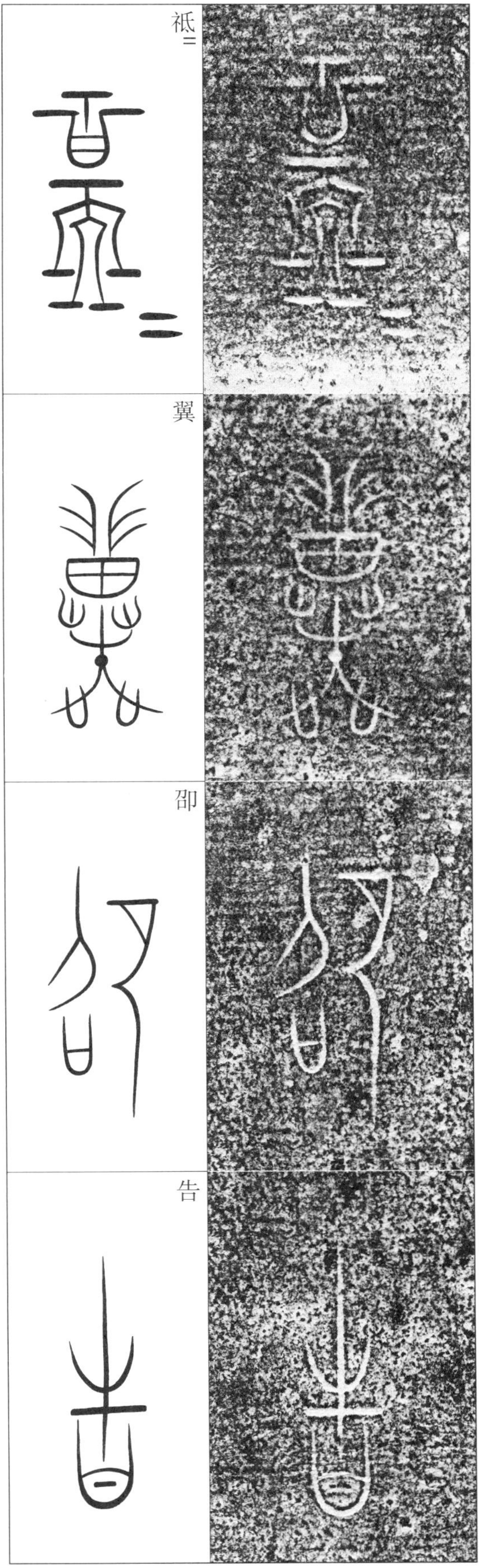

後嗣，隹（惟）逆

後

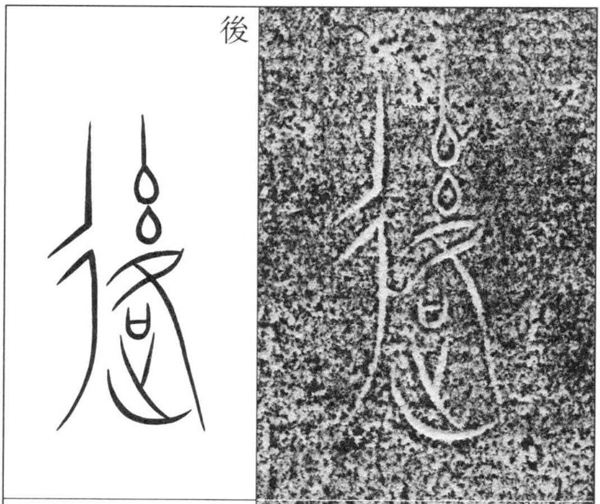

嗣

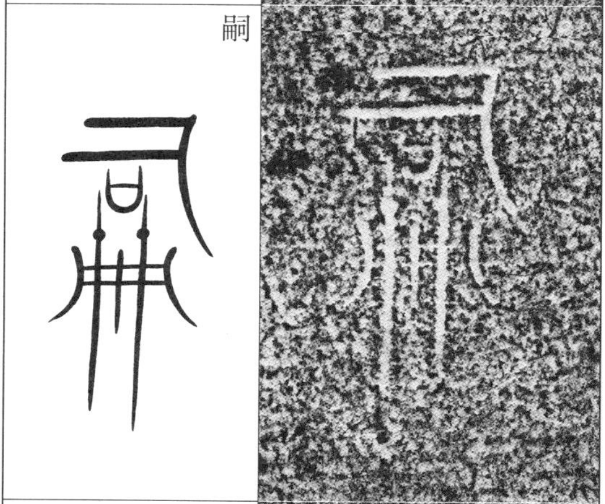

隹

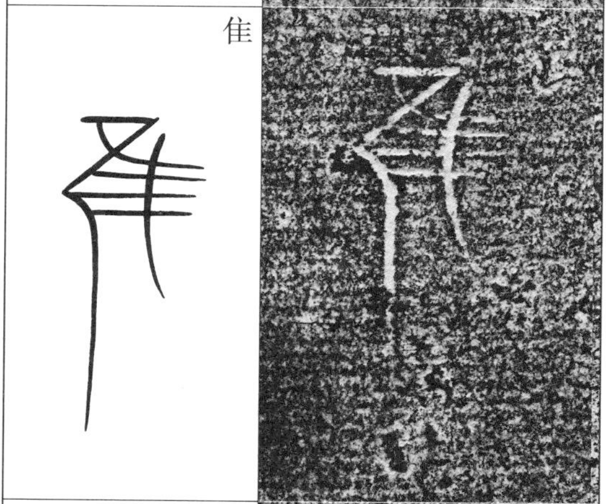

逆

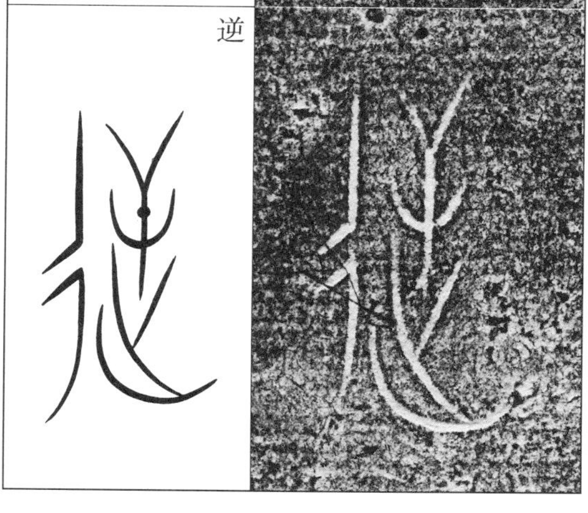

生禍，隹（惟）巛（順）

生

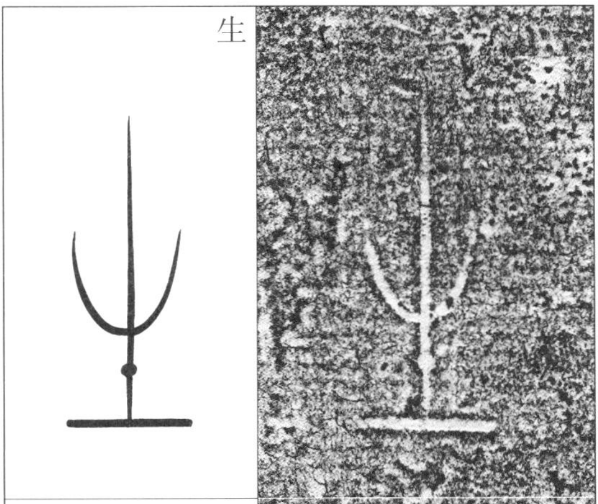

禍

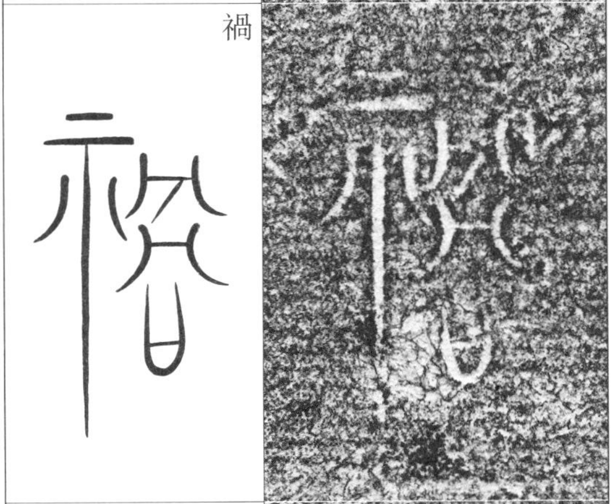

隹

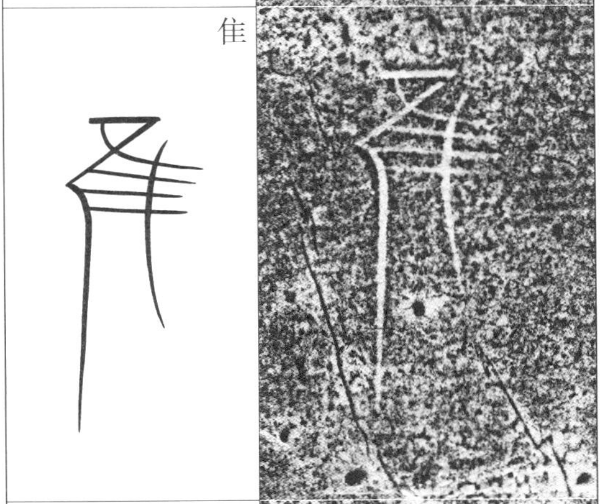

巛

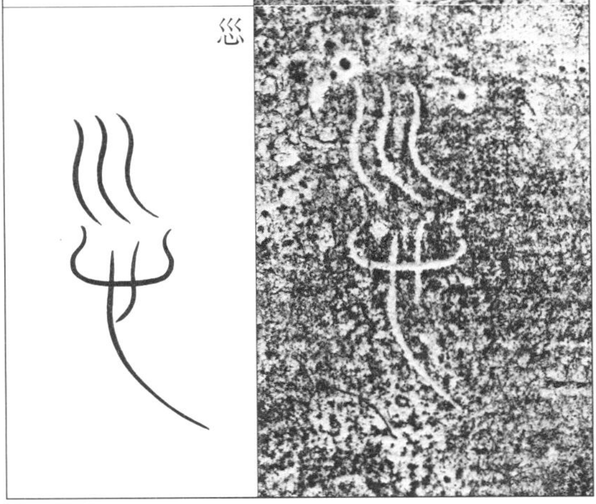

生福，⿱才車（載）之

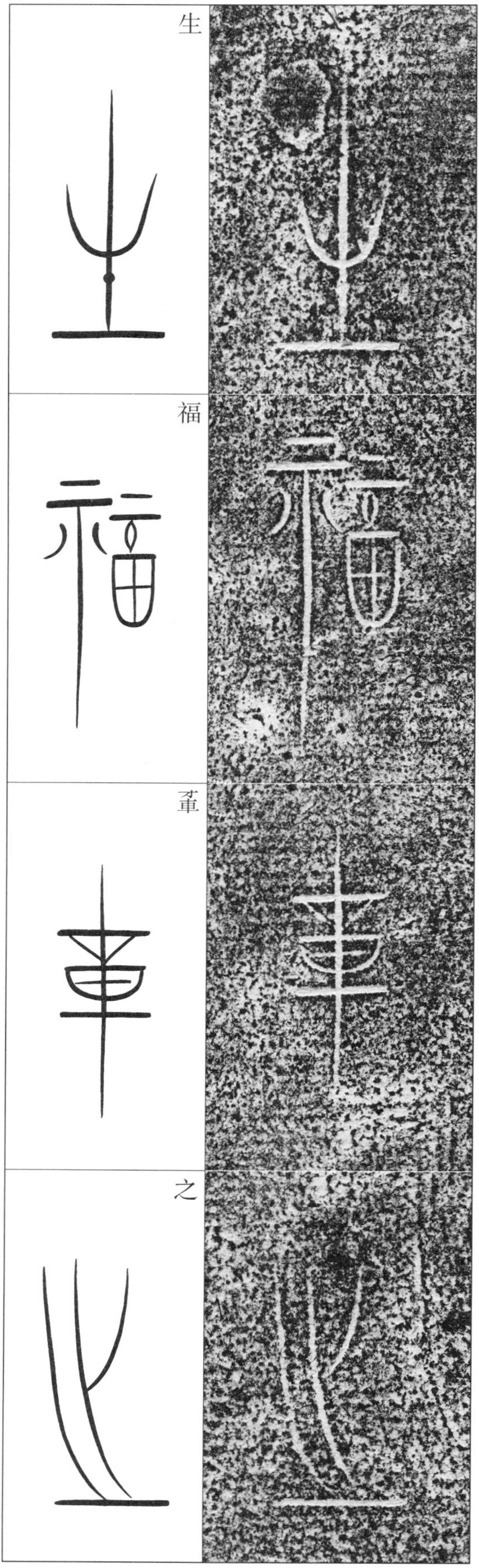

笷（簡）𥬧（策），㠯（以）戒

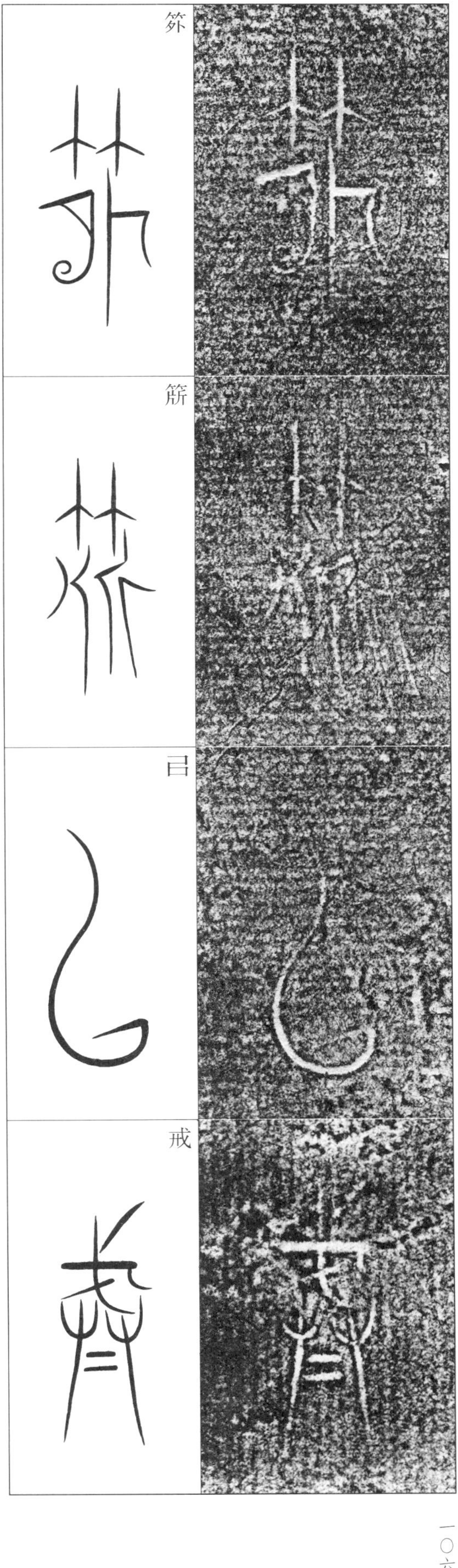

嗣王，隹（惟）悳（德）

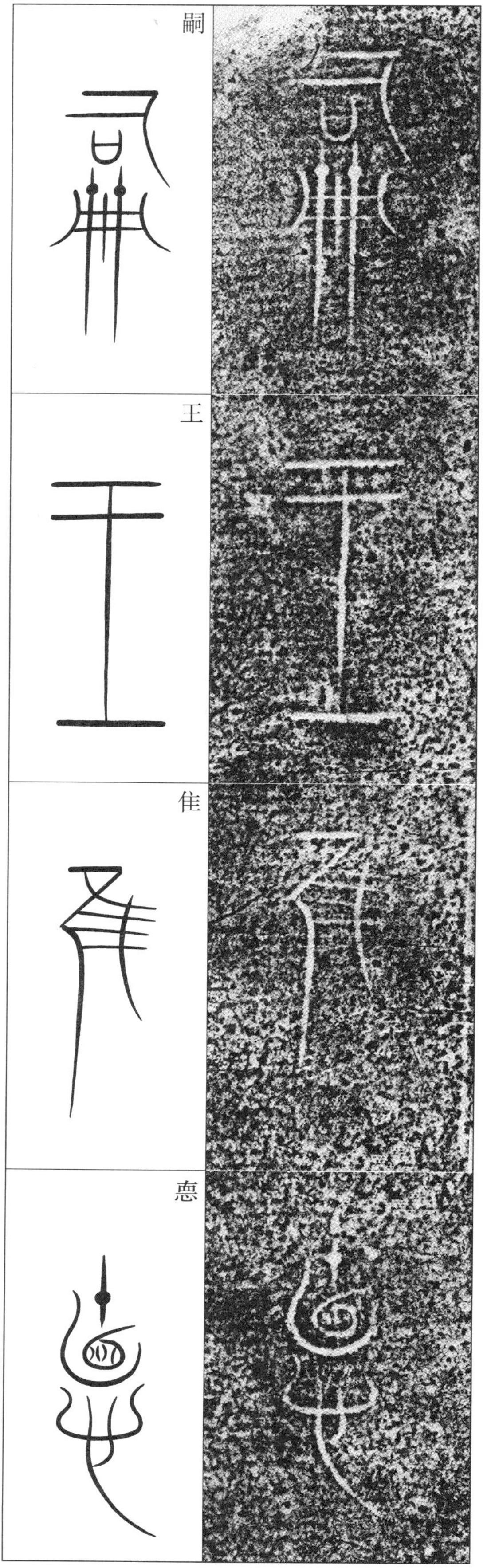

⿰亻⿱寸臣（附）民，隹（惟）宜（義）

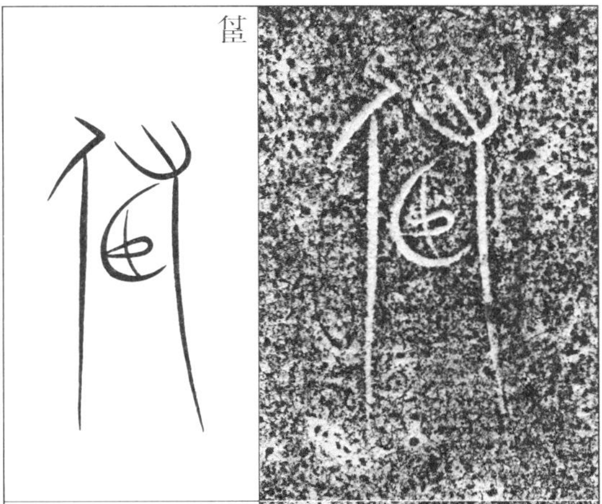

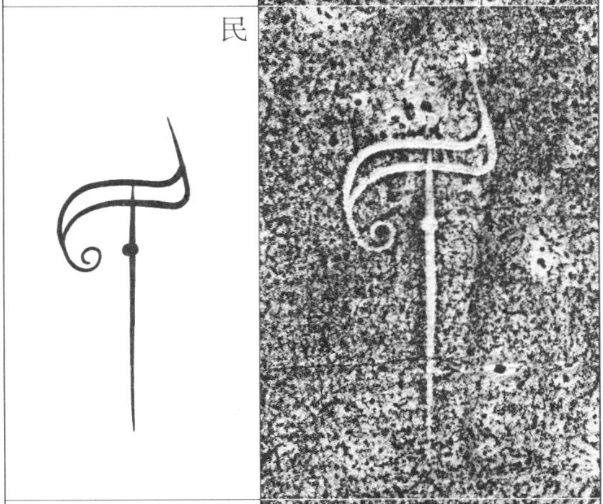

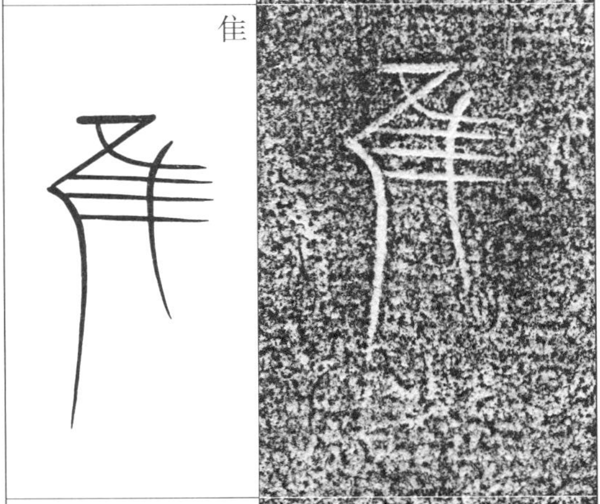

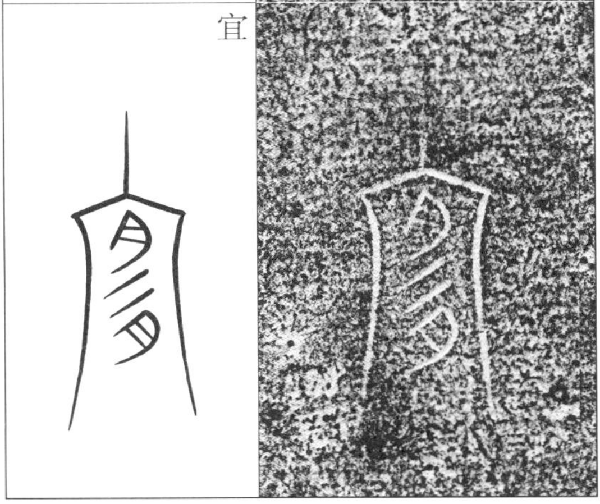

可綅（張），子之

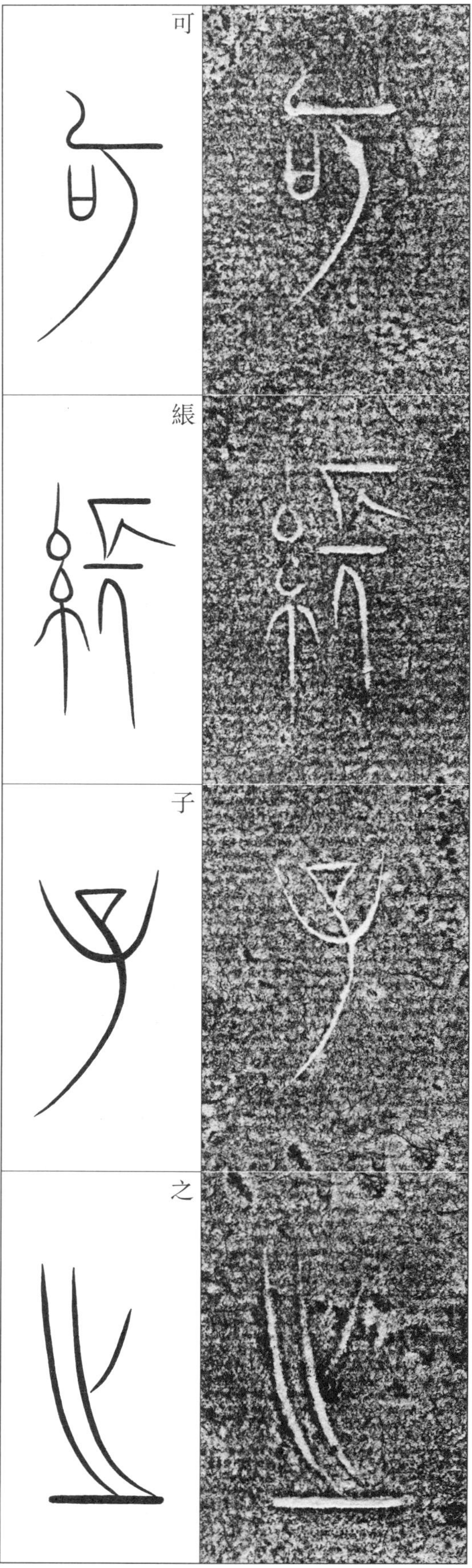

子，孫之孫，

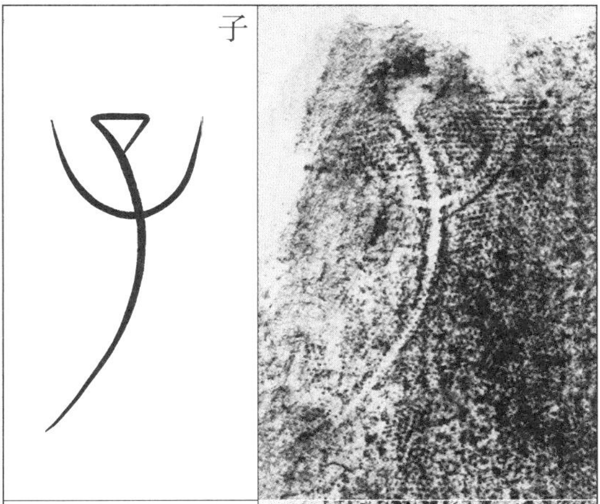

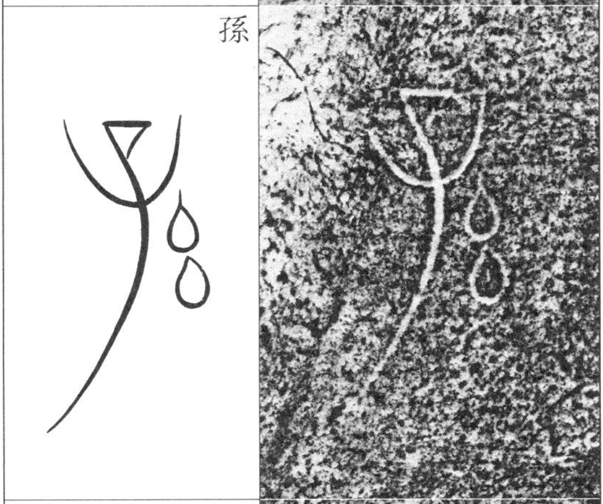

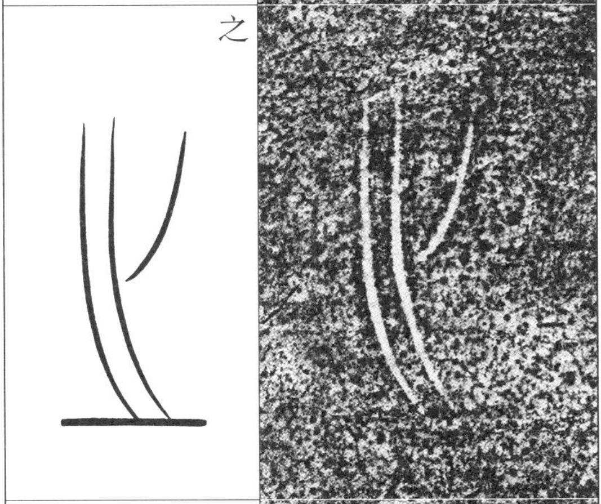

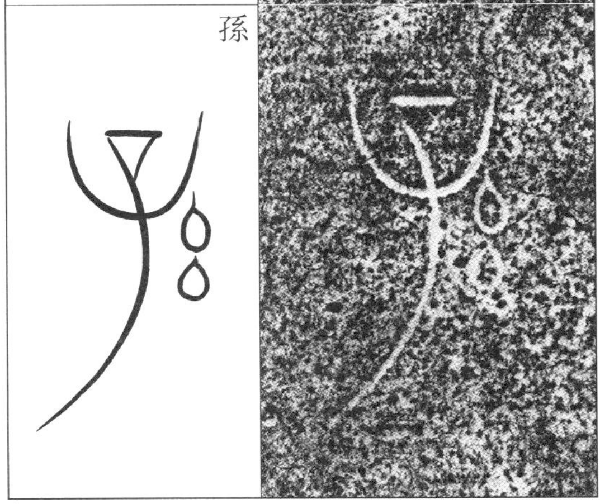

其永保用

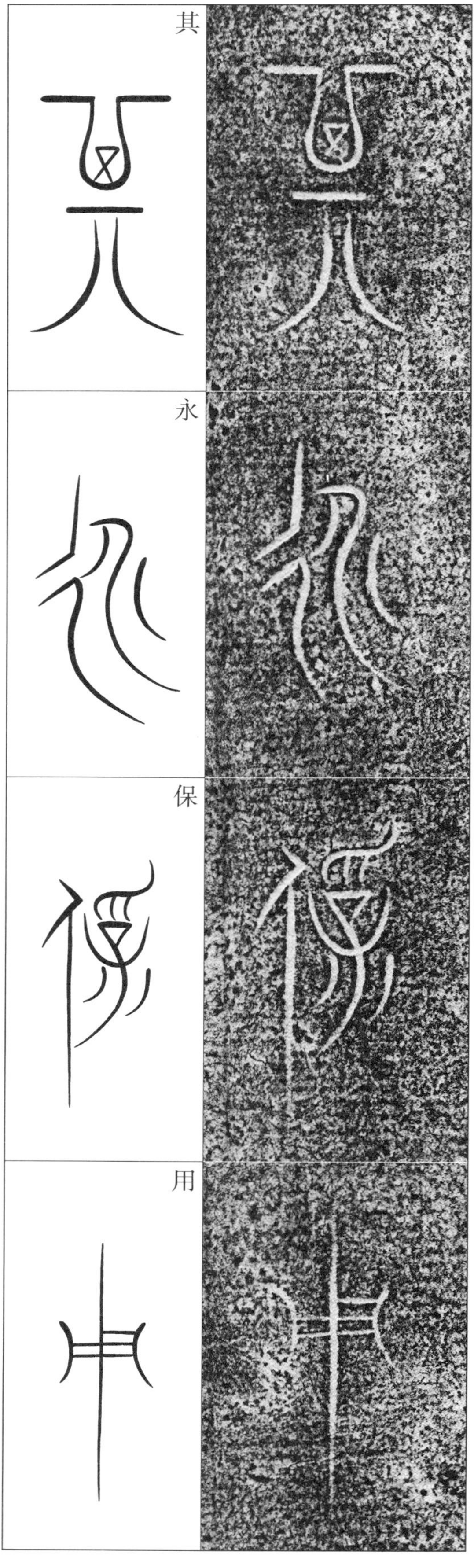

亡（無）彊（疆）。

亡

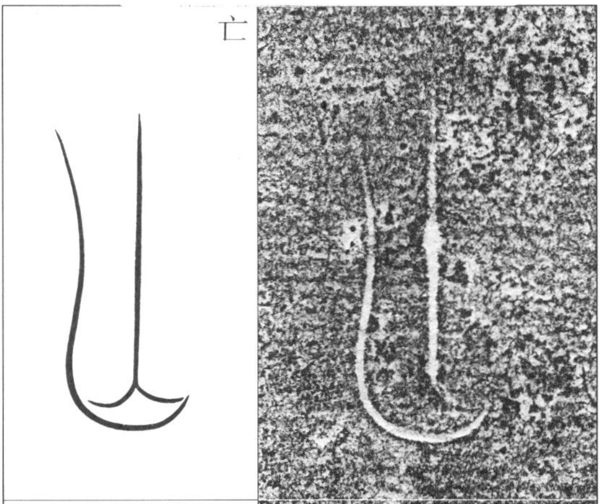

彊

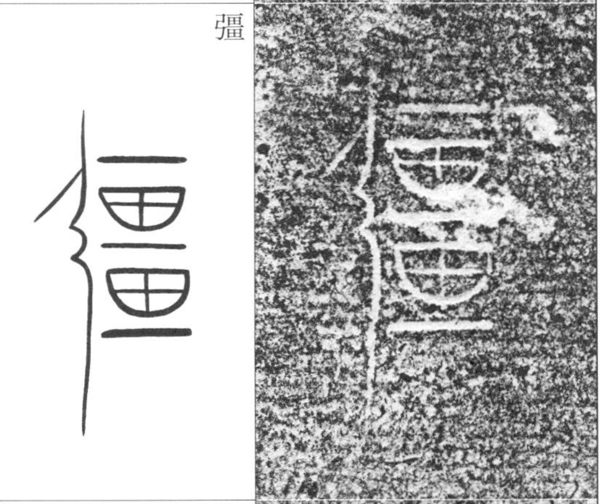